PRAXIS ideen

Schriftenreihe für Bewegung, Spiel und Sport

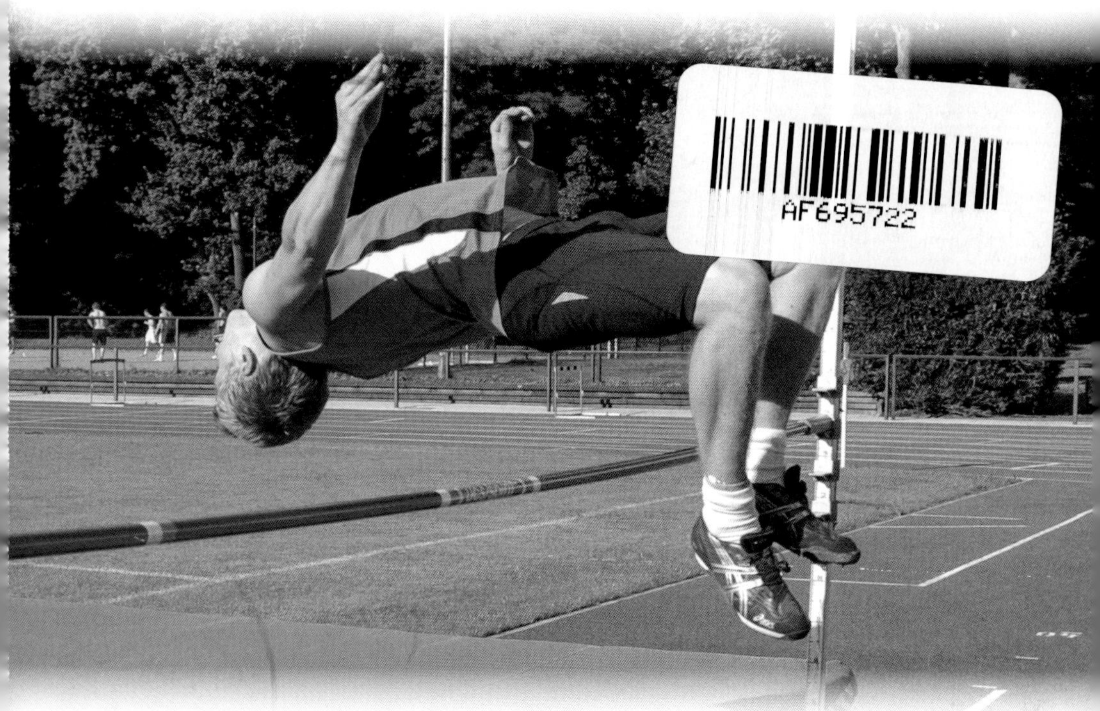

Band 2

Springen

Leichtathletik in Schule und Verein

Peter Wastl und Rainer Wollny

hofmann.

Bibliografische Information der Deutschen Nationalbibliothek
Die Deutsche Nationalbibliothek verzeichnet diese Publikation in der Deutschen Nationalbibliografie; detaillierte bibliografische Daten sind im Internet über http://dnb.d-nb.de abrufbar.

Bestellnummer 2751

Erschienen als Band 75
der PRAXISIDEEN – Schriftenreihe für Bewegung, Spiel und Sport.

Fotoaufnahmen und Bildbearbeitung: Daniel Hübler
(Daniel Hübler Bildgestaltung, Neuss, Deutschland)
Grafikvorlagen: Peter Wastl und Rainer Wollny
Grafikgestaltung: Angelique Chami und Manuel Schenk

Druck und Verarbeitung: Druck- und Kalender-Marketing Sosset GmbH, Kißlegg
Printed in Germany · ISBN 978-3-7780-2751-6

INHALT

Im vorliegenden Buch wurde auf die Nennung beider Geschlechter (Lehrerinnen/Lehrer – Schülerinnen/Schüler) oder die Verbindung in einem Wort (LehrerInnen bzw. Lehrer*innen) zugunsten einer möglichst einfachen Leseart verzichtet. Allgemeine Personenbezeichnungen schließen daher immer alle Geschlechter ein.

Einführung

Inhaltliche Ausrichtung

Der 2. Band *Springen* der dreibändigen Reihe *Leichtathletik in Schule und Verein* beschäftigt sich mit den leichtathletischen Sprungdisziplinen insbesondere mit dem vielfältigen Springen, dem Weitspringen, dem Dreispringen, dem Hochspringen und dem Stabspringen. Ausgangspunkt ist die *moderne Kinderleichtathletik* (10–14 Jahre) mit Rückblick auf das *frühe Schulkindalter* (6–9 Jahre) und mit Ausblick auf die *Jugendleichtathletik* (15–18 Jahre). Berücksichtigt werden – in Anlehnung an Frey, Kurz und Hildenbrandt (1995) – nicht nur begabte Kinder und Jugendliche, sondern ebenso Heranwachsende mit geringer Begabung oder wenig Interesse für die Leichtathletik. Zu den praxisnahen Themen des 2. Bandes Springen zählen der Bewegungsablauf des natürlichen Springens, die leichtathletischen Sprungtechniken im Anfängerbereich und die erlebnisreichen Bewegungserfahrungen *vor und neben der Leichtathletik*.

Exkurs

Leichtathletik in Schule und Verein – Laufen, Springen, Werfen und Stoßen

Die aus drei Bänden bestehende Reihe *Leichtathletik in Schule und Verein* basiert auf dem im Jahr 2012 im Hofmann-Verlag in der Reihe *Praxisideen – Einzelsportarten* veröffentlichten kompakten Einzelband zur *Kinderleichtathletik* (Wastl & Wollny, 2012), der inhaltlich umfassend erweitert und aktualisiert wurde. Differenziert betrachtet werden folgende Grundformen und disziplinspezifische Bewegungstechniken der Leichtathletik: *Laufen – Band 1* (Wissenswertes zum Laufen, Ausdauerndes Laufen, Schnelles Laufen, Starten, Hürdensprinten, Sprint-Staffel), *Springen – Band 2* (Wissenswertes zum Springen, Weitspringen, Dreispringen, Hochspringen, Stabspringen) sowie *Werfen und Stoßen – Band 3* (Wissenswertes zum Werfen und Stoßen, Schlagballwerfen, Speerwerfen, Schleuderballwerfen, Diskuswerfen, Kugelstoßen).

Zielgruppen

Der Band 2 *Springen* vermittelt – unterstützt durch zahlreiche farbige Fotos und erläuternde Grafiken – den an der modernen leichtathletischen Ausbildung von Heranwachsenden interessierten Sportlehrern, Vereinstrainern, Sportstudierenden sowie Referendaren die notwendigen sportwissenschaftlichen und leichtathletischen Kenntnisse. Im Mittelpunkt stehen verständliche Bewegungsbeschreibungen, vielfältige Praxisideen und Anregungen sowie zuverlässige Tipps, die keine detaillierten Vorkenntnisse erfordern.

Der Band 2 *Springen* der Reihe *Leichtathletik in Schule und Verein* umfasst im Vergleich zum Band 1 und 3 einen kürzeren *Theorieteil*

(Kap. 1), welcher die grundlegenden ontogenetischen Bedingungen des sportlichen Trainings im Schulkindalter (6–9 Jahre) und frühen Jugendalter (10–14 Jahre) hinsichtlich der Entwicklung der körperlichen Merkmale (Kap. 1.1), der motorischen Basisfähigkeiten sowie der leichtathletischen Fertigkeiten thematisiert (Kap. 1.2).

Kapitel 1

Der ausführliche *Praxisteil* (Kap. 2–6) zentriert sich auf die anfängerorientierte leichtathletische Ausbildung der Einzeltechniken der Disziplingruppe *Springen*. In Anlehnung an den Band 1 *Laufen* sowie den Band 3 *Werfen und Stoßen* thematisiert der *erste inhaltliche Schwerpunkt des Praxisteils* die typischen leichtathletischen Ergebnisorientierungen *weit und hoch springen*. Dargestellt werden neben den physischen Voraussetzungen der Heranwachsenden und den zentralen Technikmerkmalen der Disziplingruppe *Springen* eine Vielzahl didaktisch-methodischer Anregungen, Bewegungsformen, Übungsgeräte, Spiel-, Übungs- sowie Wettkampfformen für die Schulung der leichtathletischen Sprungtechniken. Besonders hervorgehoben werden der Erwerb, die Erprobung und die Eigenwahrnehmung leichtathletischer Varianten des Springens in der unmittelbaren Auseinandersetzung mit der Umwelt und dem Ziel der Förderung der Anpassungsfähigkeit an neue Bewegungstechniken. Auf die vertiefende Darstellung der Trainingsgesetzmäßigkeiten und der Ausbildung der motorischen Fähigkeiten muss aus Platzgründen ebenso verzichtet werden wie auf die Ausdifferenzierung spezieller Stundenbeispiele. Diese Aspekte können den in den Text eingefügten Leseempfehlungen entnommen werden.

Kapitel 2–6

Allgemeines zum Springen

Ergebnisorientierungen: weit und hoch

Der *zweite inhaltliche Schwerpunkt* des Praxisteils richtet sich auf die problemorientierte Vermittlung vielfältiger, nachhaltiger motorischer Erlebnisse sowie Erfahrungen durch das Springen *vor und neben der Leichtathletik*. Im Mittelpunkt stehen das problemorientierte Lernen und Üben sowie die Freude an leichtathletischen Bewegungen, Leistungen und Wettkämpfen. Die Vielfalt des Springens wird zum Thema gemacht, indem die Autoren – ohne rezeptartig zu wirken – zum Nachdenken anregen und versuchen

Vielfältiges Springen

- die Vielfältigkeit des Springens aufzuzeigen
- sich von idealisierten Technikleitbildern mit Bedacht zu lösen
- die Akzeptanz für individuelle Bewegungsformen zu stärken
- das Bewegungsrepertoire auszubauen
- die Übungsaufgaben mit erweiterten Lösungen zu versehen
- individuelle Lernwege auszuschöpfen

Anliegen der Autoren

- Aufgaben für das selbstständige Experimentieren zu entwickeln
- bekannte und neue Geräte sowie Wettkampfideen einzusetzen
- Partner- und Gruppenarbeitsformen zu berücksichtigen
- in die Sprache, Fachtermini und Metaphern der leichtathletischen Praxis wie „Federndes Abspringen“ einzuführen

Kapitel 2–6

Im Einzelnen geht Kapitel 2 des Praxisteils auf das Wissenswerte zum Springen ein: Vielfalt (Kap. 2.1), Gemeinsamkeiten sowie Unterschiede des Weitspringens und Hochspringens (Kap. 2.2), Gestaltung der Lern- sowie Lehrprozesse (Kap. 2.3) und geeignete Wettkampfformen (Kap. 2.4). Die anschließenden vier Kapitel – Weitspringen (Kap. 3), Dreispringen (Kap. 4), Hochspringen (Kap. 5) und Stabspringen (Kap. 6) – gliedern sich vergleichbar mit dem Band 1 *Laufen* sowie dem Band 3 *Werfen und Stoßen* in jeweils sieben Abschnitte.

- Voraussetzungen schaffen
- Grundlegende Technikmerkmale erkennen
- Techniken aneignen, variieren und optimieren
- Fehler erkennen und Übungsaufgaben entwickeln
- Lernen und Trainieren organisieren
- Wettkämpfe (Pädagogisch orientierte Wettkampfformen, DLV Wettkampfsystem Kinderleichtathletik, Wettkampfbestimmungen)
- Leseempfehlungen

Danksagungen

Bei der Erstellung der Fotos des Bandes 2 *Springen* haben uns die Athleten und die Trainer der Leichtathletikabteilung des TSV Bayer Dormagen in hervorragender Art und Weise unterstützt. Hierfür möchten sich die Autoren an dieser Stelle recht herzlich bedanken.

Fotos und Grafiken

Fotoaufnahmen und Bildbearbeitung: *Daniel Hübler*
(Daniel Hübler Bildgestaltung, Neuss, Deutschland)
Grafikvorlagen: *Peter Wastl und Rainer Wollny*
Grafikgestaltung: *Angelique Chami und Manuel Schenk*

Liebe Leserinnen …

Wenn in diesem Buch die maskuline Form von Personen- und Funktionsbeschreibungen (z. B. Trainer, Athlet, Sportler, Schüler) oder generische Begriffe verwendet werden, dann sind aus Gründen der stilistischen Vereinfachung und der Lesefreundlichkeit generell Frauen, Männer und Diverse gemeint. Die Autoren bitten hierfür um Verständnis.

Kapitel 1

Ontogenetische Bedingungen des sportlichen Trainings im Schulkindalter und frühen Jugendalter

1.1 Wie verläuft die körperliche Entwicklung?

1.2 Wie entwickeln sich motorische Basisfähigkeiten und leichtathletische Fertigkeiten?

Schulkindalter

Frühes Jugendalter

Unabdingbarer Bestandteil der zielgerichteten Planung sportmotorischer Lern- und Trainingsprozesse in der Kinder- sowie Jugendleichtathletik ist das Wissen über das komplexe Zusammenspiel der vielfältigen Einflussfaktoren. Lehrer, Trainer und Sportstudierende müssen sich nicht nur mit der adressatengerechten Schulung der motorischen Fähigkeiten und den leichtathletischen Techniken auseinandersetzen, sondern ebenfalls über differenzierte Kenntnisse hinsichtlich des multidimensionalen Wirkungsgefüges der zahlreichen Entwicklungsfaktoren, der Grundlagen der adäquaten Trainer-Athleten-Kommunikation (Informationspräsentation, Informationsrückmeldung, s. Bd. 1, Kap. 1), der spezifischen Phänomene der körperlichen und motorischen Entwicklung im Kindes- und Jugendalter (s. Kap. 1.1 u. 1.2) sowie der optimalen Gestaltung des sportlichen Trainings von Heranwachsenden verfügen (s. Bd. 3, Kap. 1).

Zusammenspiel vielfältiger Einflussfaktoren

Die körperliche und (sport)motorische Entwicklung des Individuums in der Lebensspanne (syn. Ontogenese) wird von der Entwicklungspsychologie und der Bewegungswissenschaft des Sports erforscht. Evaluiert werden *zum einen* die potentiellen Entwicklungsfaktoren und deren vielfältigen Interaktionen sowie die interindividuellen und geschlechtsspezifischen Differenzen in der körperlichen Ontogenese, *zum anderen* die intraindividuelle Variabilität der Motorikmerkmale im Lebenslauf und die adressatengerechten sportmotorischen Belastungsformen. Für das Schulkindalter und das frühe Jugendalter interessieren vor allem Fragen hinsichtlich der *entwicklungsgemäßen Ausbildung der fünf motorischen Basisfähigkeiten* (Kraft-, Ausdauer-, Schnelligkeits-, Beweglichkeitsfähigkeiten, koordinative Fähigkeiten; s. Bd.1, Kap. 1) und des *anfängerorientierten, allgemeinen und sportartspezifischen Techniktrainings*.

Im Schulkindalter und frühen Jugendalter steht der systematische entwicklungsgemäße Leistungsaufbau im Mittelpunkt des leichtathletischen Technik- sowie Konditionstrainings. Die inhaltliche und methodisch-didaktische Gestaltung der Trainingspläne, der Unterrichtsreihen oder der einzelnen Schul- sowie Trainingsstunden orientiert sich an den sportwissenschaftlichen Kenntnissen über die (durchschnittliche) Entwicklung und Ausprägung der körperlichen Merkmale (s. Kap. 1.1), der motorischen Basisfähigkeiten sowie der disziplinspezifischen Fertigkeiten von Heranwachsenden (Kap. 1.2). Hierbei ist zu berücksichtigen, dass der spezifische Auswirkungsgrad der vielfältigen, in komplexen Wechselwirkungen zueinander stehenden potentiellen Bedingungs- und Entwicklungsfaktoren wie die Umwelt, der Kulturkreis, das körperliche Wachstum, das Geschlecht oder die biografischen

Kapitel 1.1 u. 1.2

Wechselwirkungen der Einflussfaktoren

Zufälle sehr unterschiedlich sein kann (s. Bd. 1, Kap. 1.1). Weitgehend bekannt ist, dass Menschen gleichen Alters über sehr unterschiedlich ausgeprägte motorische Fähigkeiten und Fertigkeiten verfügen. Des Weiteren können unter gleichen Sozialisations- und Umweltbedingungen interindividuelle Differenzen im (sport)motorischen Entwicklungsverlauf beobachtet werden. Schließlich führen in der Leichtathletik in Anlehnung an die Redewendung von demselben Wind, der verschiedene Drachen steigen lässt, dieselben Trainingsinterventionen zu interindividuellen Motorikdifferenzen (vgl. Wollny, 2022).

1.1 Wie verläuft die körperliche Entwicklung?

Körperliche Ontogenese

Im Schulkindalter und frühen Jugendalter wird die *körperliche (somatische) Entwicklung* zu einem großen Anteil durch die körperintern gesteuerten Wachstums- und Reifungsprozesse (Genetik) geprägt und durch die materiale, sozial-kulturelle und historische Umwelt beeinflusst (z. B. Klima, Ernährung, Sportangebote; s. Bd. 1, Kap. 1.1). Verlässliche wissenschaftliche Befunde liegen für die genetisch vorprogrammierte Entwicklung des Zentralnervensystems, der anthropometrischen Körpermerkmale (z. B. Körperlänge, Kopfumfang), des Bewegungsapparats (z. B. Skelettmuskulatur, Knochengerüst), des Herz-Kreislauf-Systems und der inneren Organe vor (Überblick: Weineck, 2019). Demgegenüber ist der empirische Kenntnisstand zum spezifischen Einfluss der Umweltbedingungen auf die körperliche Ontogenese nicht zweifelsfrei. Insgesamt kann die körperliche Entwicklung zwar durch materiale, sozial-kulturelle und historische Einflussfaktoren modifiziert, aufgrund bestimmter genetischer Determinanten aber nicht beliebig beeinflusst werden. Nach aktuellen Forschungsbefunden zur Anlage-Umwelt-Problematik führen nicht einzelne endogene oder exogene Einflüsse, sondern die vielfältigen Interaktionen zwischen den Anlage-, Reifungs- und Umweltfaktoren zu individuellen, normabweichenden funktionellen sowie körperlichen Differenzierungen des menschlichen Organismus (Überblick: Wollny, 2022).

Entwicklung des Hirns und Nervensystems

Die wesentliche Voraussetzung für die Verbesserung der Bewegungskontrolle und die Aneignung sportmotorischer Fertigkeiten bei Heranwachsenden stellt die Reifung des Zentralnervensystems (ZNS) dar. Bis zum 14. Lebensjahr kann in Folge der komplexen Umbauprozesse vom kindlichen zum erwachsenen Hirn die funktionelle Differenzierung und Optimierung des Zentralnervensystems beobachtet werden. Diese wird nicht durch die Vermehrung der Nervenzellen des Hirns hervorgerufen, sondern durch erfahrungsbedingte, sich verändernde oder neustrukturierende Nervenverbindungen (Baltes, 1990; 1997). In diesem Zusammenhang fördern vielfältige koordinative Übungen bis ins hohe Lebensalter – mit auffälligen Altersunterschieden hinsichtlich des absoluten Leistungszuwachses – die optimale Ausbildung und Leistungsfähigkeit des Zentralnervensystems (Wollny, 2022).

Wachstums- und Reifungsphasen

Die Beschreibung der körperlichen Entwicklung von Heranwachsenden berücksichtigt üblicherweise äußerlich messbare anthropometrische Dimensionen wie die Körperlänge, das Körpergewicht oder die Körperproportionen. Für das *Schulkind- und Jugendalter* lassen sich in Anlehnung an Crasselt (1994) drei charakteristische aufeinander aufbauende Wachstums- und Reifungsphasen abgrenzen.

1. Phase (bis 9. Lebensjahr)

- In der *ersten Wachstums- und Reifungsphase* (bis 9. Lebensjahr) bestehen nur geringe geschlechtsspezifische Unterschiede in der Körperlänge, dem Körpergewicht oder den Körperproportionen (s. Abb. 1). Als typisch für diese Lebensphase gelten der auffällige Gestaltwandel vom Kleinkind mit untersetzter Körpergestalt (z. B. kurze untere Extremitäten, großer Brustumfang) zum Schulkind mit proportionierter Körpergestalt und die kontinuierliche Zunahme der Körperlänge sowie des Körpergewichts. Insgesamt bestehen gute körperliche Voraussetzungen für die vielseitige (sport)motorische Ontogenese.

2. Phase (10. – 13. Lebensjahr)

- Die *zweite Wachstums- und Reifungsphase* (10.–13. Lebensjahr) prägt die verstärkte Ausschüttung der Wachstums- und Geschlechtshormone. Dies bedingt die schnelle Zunahme der Körperlänge und des Körpergewichts (s. Abb. 1). Während die Ökonomisierung des

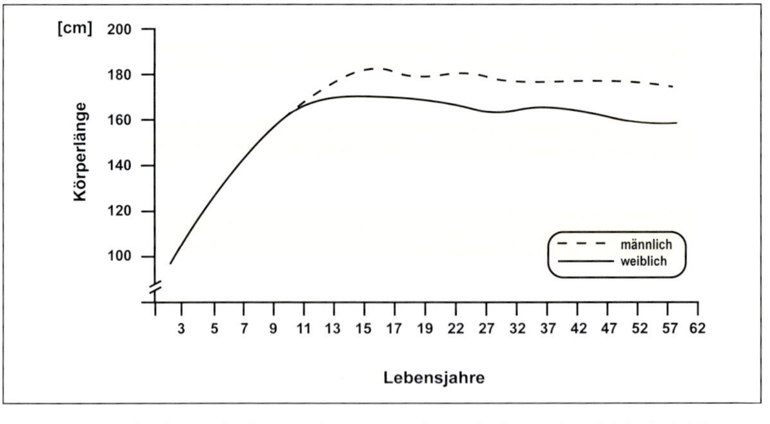

Abb. 1: Entwicklung der Körperlänge (mod. nach Crasselt, 1994, S. 111)

Herz-Kreislauf-Systems stagniert, bilden sich die Sinnesorgane umfassend aus. Bis zum Ende der zweiten Wachstums- und Reifungsphase zeigen die Mädchen gegenüber Jungen einen markanten körperlichen Entwicklungsvorsprung, der ein verstärktes Training der Ausdauer-, Kraft- und Schnelligkeitsfähigkeit ermöglicht. Demgegenüber sollten bei Jungen die Ausbildung der koordinativen Fähigkeiten und der sportmotorischen Fertigkeiten im Mittelpunkt stehen (s. Kap. 1.2).

3. Phase

(14. – 18. Lebensjahr)

- In der *dritten Wachstums- und Reifungsphase* (14. – 18. Lebensjahr) verfügen *männliche Jugendliche* bedingt durch die größere Körperlänge (Ø 10 – 12 cm) über ein höheres Körpergewicht als weibliche Jugendliche und damit über optimale Voraussetzungen für die Ausbildung der Kraft-, Ausdauer- sowie Schnelligkeitsfähigkeit. Bei *jungen Frauen* stagniert das Längenwachstum durchschnittlich mit dem 17. Lebensjahr (Männer: Ø 19. Lebensjahr, s. Abb. 1). Im Mittelpunkt des leichtathletischen Trainings weiblicher Jugendlicher sollte zunächst der Erhalt der individuellen sportmotorischen Leistungen stehen, da die Zunahme des Körpergewichts das Kraft-Last-Verhältnis negativ beeinflusst.

1.2 Wie entwickeln sich motorische Basisfähigkeiten und leichtathletische Fertigkeiten?

Die Ausdifferenzierung der menschlichen Motorik weist im Lebenslauf markante interindividuelle und geschlechtsspezifische Unterschiede sowie intraindividuelle Variabilitäten auf. Abbildung 2 veranschaulicht anhand des Motorik-Index – Mittelwert aus sieben Motorik-Tests – den prototypischen Entwicklungsverlauf der Motorik, nachdem das motorische Leistungsniveau von der frühen Kindheit bis zum frühen Jugendalter zunächst exponentiell ansteigt, zwischen dem 15. und 29. Lebensjahr weitgehend konstant bleibt und anschließend abfällt (Willimczik, Voelcker-Rehage & Wiertz, 2006; Wiemeyer & Wollny, 2017).

Schulkindalter

Das *Schulkindalter* (7. – 12./13. Lebensjahr) charakterisieren der zweite auffällige körperliche Gestaltwandel, die markanten interindividuellen und geschlechtsspezifischen Motorikunterschiede, die große Leistungs- sowie Risikobereitschaft und die schnelle Verbesserung sowohl der

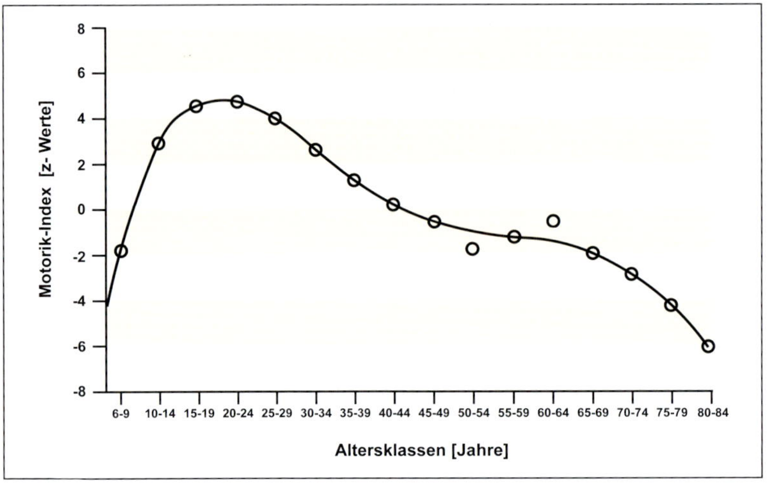

Entwicklung der Motorik im Lebenslauf

Abb. 2: Entwicklung der Motorik (Motorik-Index – Mittelwert aus sieben Motorik-Tests, mod. nach Willimczik et. al, 2006, S. 16)

Schulkindalter (7.–12./13. Lebensjahr)

motorischen Fähigkeiten als auch der leichtathletischen Techniken. Besonders begünstigt ist die Ausbildung der aeroben Ausdauerfähigkeit (Grundlagenausdauer), die durch interindividuelle und geschlechtsspezifische Differenzen sowie der Forderung der Trainingswissenschaft nach einem ausgewogenen Bau- und Energiestoffwechsel gekennzeichnet ist.

Bei *Jungen* bleiben der absolute und der auf den Erwachsenenwert relativierte maximale aerobe Energieumsatz bis zum 16. Lebensalter weitgehend konstant. Demgegenüber verschlechtert sich bei *Mädchen*

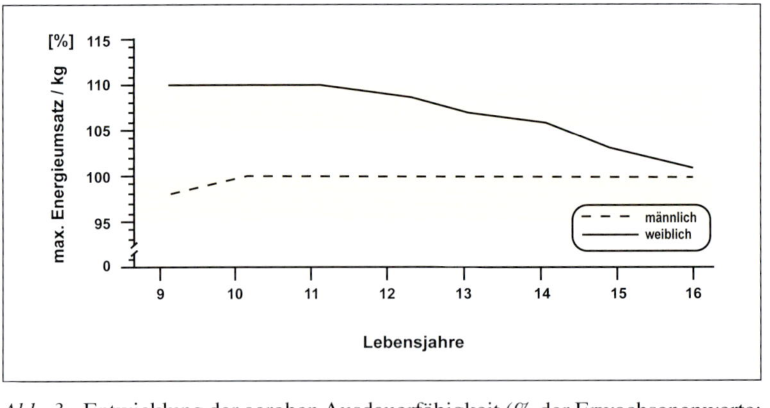

Abb. 3: Entwicklung der aeroben Ausdauerfähigkeit (% der Erwachsenenwerte; mod. nach Bar-Or, 1986, S. 14)

Anaerobe Ausdauerfähigkeit

Unterschiede Jungen und Mädchen

ab dem 12. Lebensjahr die aerobe Ausdauerfähigkeit (s. Abb. 3). Die *anaerobe Ausdauerfähigkeit* ist bei beiden Geschlechtern deutlich schlechter trainierbar als bei Erwachsenen, so dass im *Schulkindalter* die aerobe Ausdauerbelastung die angemessene Belastungsform darstellt (Wollny, 2022).

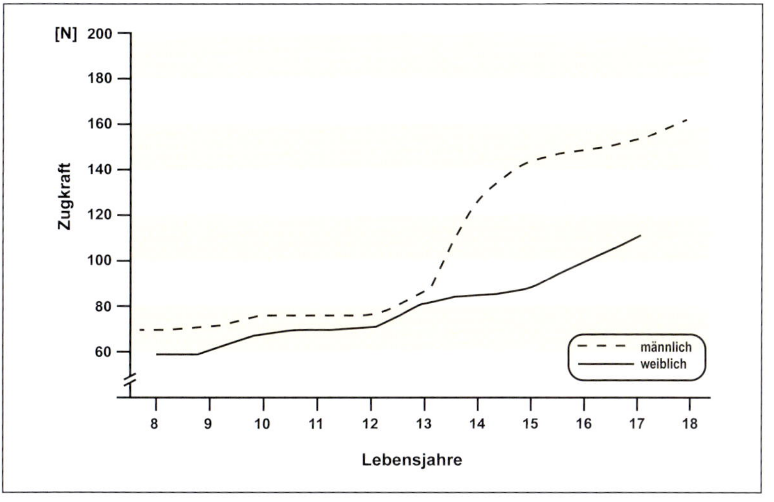

Abb. 4: Entwicklung der Kraftfähigkeit (maximale Zugkraft: M. biceps brachii, mod. nach Winter & Hartmann, 2018, S. 288)

Kraftfähigkeiten

Geringe Geschlechterunterschiede

Die *Kraftfähigkeiten* verbessern sich im *Schulkindalter* mit geringen Geschlechtsunterschieden im Allgemeinen zwar kontinuierlich aber langsam (s. Abb. 4). Insgesamt ist die Beinmuskulatur durch die alltäglichen lokomotorischen Aktivitäten (z. B. Hüpfen, Springen) besser entwickelt als die Arm- und Schultermuskulatur (Winter & Hartmann, 2018). Auffällig sind die hohen Zuwachsraten im Sprint und in den Sprungdisziplinen.

Im Schulkindalter zentriert sich das kindgerechte Krafttraining aufgrund des großen Anteils der Heranwachsenden mit auffälligen Rückenschmerzen, Fuß- oder Haltungsschwächen verstärkt auf die gesundheitsorientierte Ausbildung der Oberkörper- und Fußmuskulatur, um somatischen sowie motorischen Entwicklungsstörungen vorzubeugen (z. B. Haltungsschwächen). Im Mittelpunkt stehen Übungen mit dem eigenen Körpergewicht oder leichten Zusatzgewichten (z. B. Medizinball). Darüber hinaus empfehlen Zinke, Prieske, Gäbler und Granacher (2018) sowohl spielerische reaktive Kraftübungen (z. B. Seilspringen) zur Verbesserung der körperlichen Voraussetzungen für die vielfältigen leichtathletischen Anforderungen als auch Gleichgewichtsübungen zur Verletzungsprophylaxe. Das spezialisierte Muskeltraining und hohe Kraftanforderungen an die großen Muskelgruppen sollten vermieden werden (Problematik: Pressatmung, Olivier, Marschall & Büsch, 2008).

Schnelligkeitsfähigkeiten

Die im Schulkindalter zu beobachtenden großen Leistungssteigerungen im Bereich der *Schnelligkeitsfähigkeiten* werden durch die funktionellen Ausreifungsprozesse des Zentralnervensystems hervorgerufen (s. Kap. 1.1). Lohnenswert trainierbar sind die elementaren Schnelligkeitsfähigkeiten (Bewegungsfrequenz, Bewegungsgeschwindigkeit). Für die maximale Frequenz kleinamplitudiger Bewegungen können keine geschlechtsspezifischen Unterschiede belegt werden (s. Abb. 5). Die komplexen Schnelligkeitsformen sollten aufgrund der ungünstigen anaeroben Belastungsanforderungen nicht geschult werden (s. Bd. 1, Kap. 1).

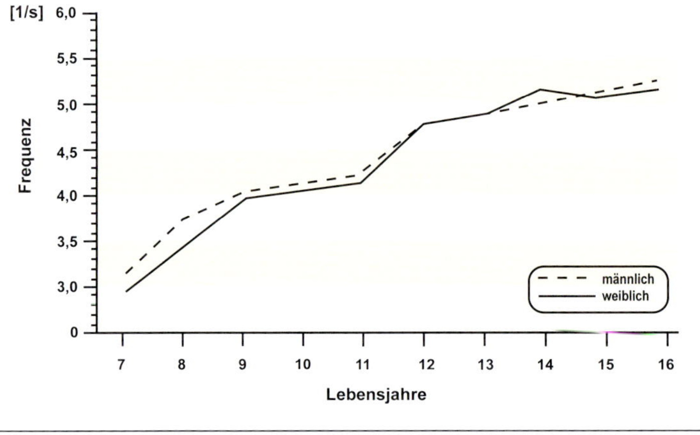

Abb. 5: Entwicklung der Schnelligkeitsfähigkeit (maximale Frequenz kleinamplitudiger Bewegungen, mod. nach Winter & Hartmann, 2018, S. 289)

Beweglichkeitsfähigkeiten

Im Schulkindalter verschlechtern sich aufgrund der geringen alltäglichen körperlichen Beanspruchungen die *Beweglichkeitsfähigkeit* des Hüftgelenks (Spreizfähigkeit der Beine) und die dorsal gerichtete Beweglichkeitsfähigkeit des Schultergelenks. Demgegenüber verbessert sich die Beugefähigkeit der Wirbelsäule und des Hüftgelenks (s. Abb. 6; Winter & Hartmann, 2018). *Mädchen* verfügen für alle Körpergelenke aufgrund der günstigen anatomischen Voraussetzungen über eine deutlich besser ausgeprägte Beweglichkeitsfähigkeit als gleichaltrige Jungen. Bereits im Schulkindalter erfordert das erhöhte erste Län-

Beweglichkeitstraining mehrmals pro Woche

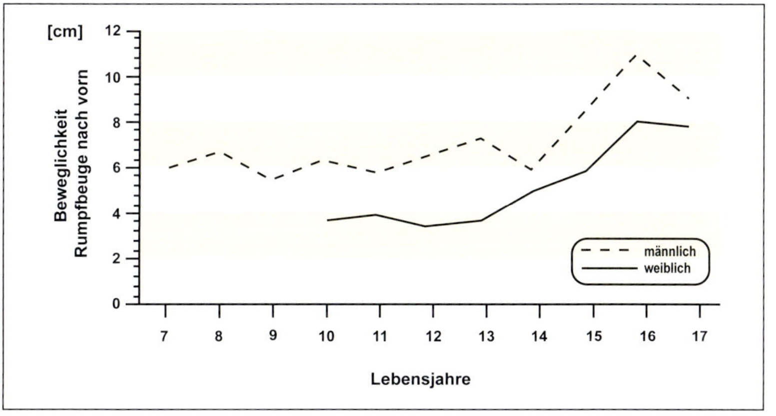

Abb. 6: Entwicklung der Beweglichkeitsfähigkeit am Beispiel der „Rumpfbeuge nach vorn" (mod. nach Fetz, 1982, S. 120)

genwachstum, der zunehmende Bewegungsmangel und die vermehrt auftretenden muskulären Dysbalancen beider Geschlechter das mehrmals pro Woche zu absolvierende Beweglichkeitstraining.

Koordinativen Fähigkeiten

Auffällige Leistungszunahme

Die *koordinativen Fähigkeiten* (Koordination unter Zeit-, Präzisions-, Komplexitäts-, Organisations-, Variabilitäts- u. Belastungsdruck; Neumaier & Mechling, 1994, s. Bd. 1, Kap. 1) zeigen im Schulkindalter im Vergleich mit der Ausdauer- und Kraftfähigkeit geschlechtsunabhängig die auffälligsten Leistungszunahmen (s. Abb. 7; Roth & Winter, 1994; Wollny, 2022). Diese können auf die vorteilhaften Körperproportionen, die umfassende Sinnesorganentwicklung, die zunehmende Differenzie-

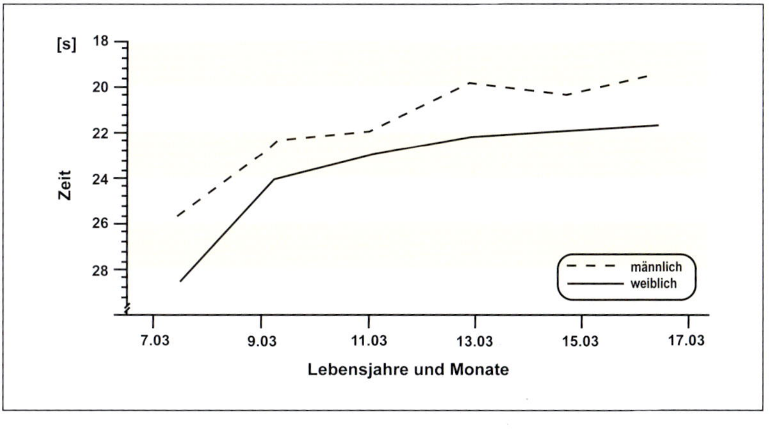

Abb. 7: Entwicklung der koordinativen Fähigkeiten (Gewandtheitsläufe; Altersangabe: Jahre, Monate, mod. nach Winter & Hartmann, 2018, S. 292)

rung des Zentralnervensystems und die Verbesserung der kognitiven Fähigkeiten sowie der motorischen Kontrollprozesse zurückgeführt werden. Zu Beginn des Schulkindalters erfordert das nachhaltige Koordinationstraining geringe spezifische Technikanforderungen. Im weiteren Entwicklungsverlauf kann der Schwierigkeitsgrad der Bewegungsausführung (elementares vs. sportmotorisches Bewegungsrepertoire) und der situativen Bedingungen zunehmend erhöht werden (Variable Verfügbarkeit!, s. Bd. 1, Kap. 1).

Sportmotorische Fertigkeiten

Die motorische Entwicklungsforschung bescheinigt dem *Schulkindalter* hinsichtlich der *Aneignung* und der *Optimierung sportmotorischer Fertigkeiten* „zum einen die gute motorische Lernfähigkeit, die zunehmende Ausprägung der Bewegungskombinationen (z. B. Laufen-Springen-Werfen) und die variable Verfügbarkeit sowie Ausdifferenzierung einzelner Sporttechniken (z. B. Dreisprung); zum anderen kann die Fertigkeitsentwicklung nicht mehr eindeutig einem bestimmten Lebensalter zugeordnet werden" (Wiemeyer & Wollny, 2017, S. 286). Besonders lohnenswert ist das von modernen, kindgerechten Bewegungs- und Sportkonzepten propagierte *integrative Vielseitigkeitstraining sportartübergreifender Basisfähigkeiten und Grundtechniken* (Dethlefsen et al., 2011: Kindersportschulen – KISS; Roth & Kröger, 2015: Ballschule Heidelberg – Ein ABC für Spielanfänger; Wollny & Helbig, 2016: Merseburger Kindersport, MERKS – Bewegungs- und Gesundheitsschule für Kinder). Im Vordergrund stehen einerseits die frühzeitige ganzheitliche Ausbildung gesellschaftlich erwünschter gesundheitlicher, körperlich-motorischer sowie psychosozialer Grundkompetenzen, da Kinder nach sportwissenschaftlichen Erkenntnissen keine Spezialisten, sondern *Sport-Allrounder* sind (Roth & Kröger, 2015). Andererseits fördert das integrative Vielseitigkeitstraining die individuellen Bewegungsmöglichkeiten und die Freude an der Bewegung, der Leistung sowie des Wettstreits.

Integratives Vielseitigkeitstraining sportartübergreifender Basistechniken

In der *Leichtathletik* differenzieren sich bei entsprechender Übung im *frühen Schulkindalter* mit deutlichen interindividuellen Unterschieden die elementaren motorischen Fertigkeiten (z. B. Laufen, Werfen, Springen) zu spezifischen leichtathletischen Techniken (z. B. Sprintlauf, Weitwurf, Weitsprung; Winter & Hartmann, 2018). Maßgebliche Ursachen hierfür sind die Verbesserung der motorischen Fähigkeiten und die vielfältigen Erfahrungen der Heranwachsenden. Auffällig sind neben den großen jährlichen Zuwachsraten in den Wurf- und Sprungdisziplinen (Steige-, Schritt-, Hocksprünge) die großen individuellen sowie geschlechtsspezifischen Unterschiede in den Wurfdisziplinen (s. Abb. 8). Im *späten Schulkindalter* reduzieren sich zwar die geschlechts-

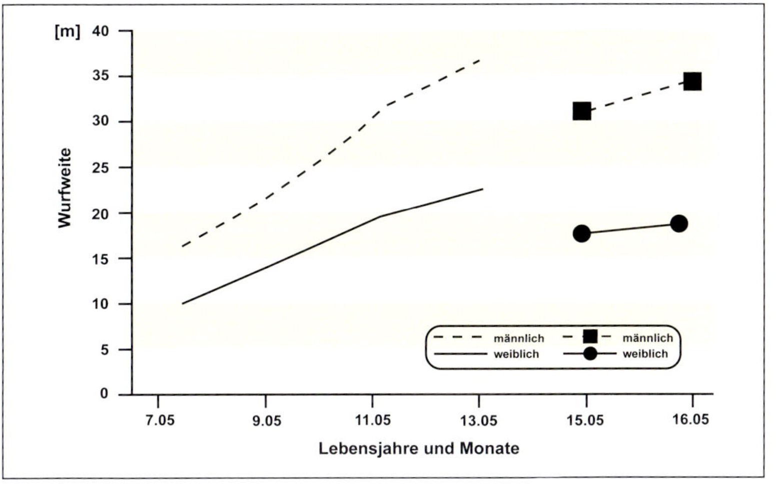

Abb. 8: Entwicklung der Weitwurfleistung im Ballwurf (Altersangabe: Jahre, Monate, mod. nach Winter & Hartmann, 2018, S. 295)

spezifischen Leistungsunterschiede und die Variationsbreite im Laufen, Weit- sowie Hochsprung, jedoch nicht in den Wurfdisziplinen (Winter & Hartmann, 2018).

Frühes Jugendalter

Frühes Jugendalter (11./12. – 14./15. Lebensalter)

Die moderne Entwicklungspsychologie beschreibt das *frühe Jugendalter* (11./12.–14./15. Lebensalter, Pubeszenz) als einen Lebensabschnitt der natürlichen Umstrukturierung der Motorik (Winter & Hartmann, 2018). Wissenschaftlich nicht belegt sind weit verbreitete klassische Entwicklungsvorstellungen, die von der krisenhaften „Umstrukturierung der Motorik" oder der „Lebensphase des motorischen Zerfalls und der Auflösung" ausgehen (Möckelmann & Schmidt, 1981). Einzelne Entwicklungsforscher vertreten zwar die Auffassung, dass mit Beginn der Pubeszenz zeitbegrenzte Entwicklungsabschnitte – sogenannte *sensible Phasen* – und begünstigende Umweltreize besonders vorteilhaft für die Verbesserung der motorischen Fähigkeiten und der leichtathletischen Fertigkeiten sind, da der Organismus eine große Empfindlichkeit für Trainingsinterventionen zeigt. Neuere Studien können jedoch derartige Entwicklungsphasen nicht hinreichend belegen.

Sensible Phasen

Für die menschliche Motorik liegen bislang nur wenige wissenschaftliche Befunde vor, welche die Existenz *sensibler Phasen* belegen. Nicht nachgewiesen werden kann, dass Heranwachsende spezifische Erfahrungen in einem eng begrenzten Lebensabschnitt machen müssen, damit die motorische Entwicklung regelhaft verläuft. Willimczik et al. (1999, S. 59) vertreten die Auffassung:

> „Es kann dabei bleiben, dass in der vorpuberalen Phase weiterhin ein ausgesprochen vielfältiges Fertigkeitsangebot bereitgestellt wird. Zu ändern ist allerdings die Begründung: Wurde dies früher gefordert, weil in diesem Alter am besten gelernt wird, ist das vielfältige Fertigkeitsangebot jetzt die Voraussetzung für eine große motorische Lernfähigkeit in späterer Zeit".

Ein weiteres bedeutsames Entwicklungsphänomen des frühen Jugendalters betrifft – ausgelöst durch die veränderte individuell unterschiedliche Hormonausschüttung (Mädchen: Östrogen, Progesteron; Jungen: Testosteron) – die große Uneinheitlichkeit der individuellen Entwicklungsverläufe. In diesem Zusammenhang beschreibt die *Akzeleration* – im Vergleich zum Altersdurchschnitt – die beschleunigten, zeitlich verkürzten Entwicklungsvorgänge, während die *Retardation* die zeitweise oder ständig verzögerte Abfolge der Entwicklungsphasen bezeichnet. Gleichermaßen betroffen sind das Körperwachstum, die Geschlechtsreifung und die psychischen, sozialen, emotionalen sowie motorischen Persönlichkeitsmerkmale. Während sich die körperliche Akzeleration im Allgemeinen positiv auf die leichtathletischen Leistungen der Jugendlichen auswirkt, ruft die Retardation negative Effekte hervor. Insgesamt muss für das frühe Jugendalter die Uneinheitlichkeit der individuellen Entwicklungsverläufe berücksichtigt werden.

Akzeleration

Retardation

Des Weiteren treten im frühen Jugendalter mit dem *dritten somatischen Gestaltwandel* (s. Kap. 1.1) häufig zeitlich befristete körperbaubezogene Disproportionen und auffällige Disharmonien der Bewegungsabläufe auf (Hurrelmann, 2004). Die leichtathletischen Bestleistungen steigen bei *männlichen Jugendlichen* im Allgemeinen kontinuierlich oder progressiv an, während die Zuwachsraten bei *weiblichen Jugendlichen* nicht nur stagnieren oder stark abnehmen, sondern ebenfalls lebenszeitlich früher auftreten. Die *Hauptgründe* betreffen die geschlechtsspezifischen Unterschiede in der physischen Entwicklung und der Häufigkeit sowie der Intensität sportlicher Betätigung (Wollny, 2022).

3. Gestaltwandel

Bei den Ausdauer-, Kraft- und Schnelligkeitsfähigkeiten führen die hormonell bedingten Reifungs- und Wachstumsprozesse zwar zu auffälligen Leistungsverbesserungen, jedoch werden die koordinativen Fähigkeiten sowie das leichtathletische Fertigkeitsniveau individuell

Einfluss von Sexualhormonen

unterschiedlich beeinträchtigt (Scheid & Rieder, 2001). Des Weiteren sind mit *Beginn der Pubeszenz* bei männlichen Jugendlichen aufgrund des verstärkt ausgeschütteten Sexualhormons Testosteron deutlich größere Leistungssteigerungen hinsichtlich der Ausdauer-, Kraft- und Schnelligkeitsfähigkeiten zu belegen als bei weiblichen Jugendlichen.

Ausdauerfähigkeiten

Im Einzelnen darf im Bereich der *Ausdauerfähigkeiten* das bei Heranwachsenden zu beobachtende markante Phänomen der *Herzfrequenzabnahme* nicht alleinig auf effektive Trainingsinterventionen zurückgeführt werden, da sich im frühen Jugendalter die Herzfrequenz aufgrund der Reifungsprozesse ebenso ohne Trainingseinflüsse in auffälliger Art und Weise verringert (Ruhepuls: 8. Lebensjahr ca. 90 Schläge/min, junge Erwachsene: ca. 60 Schläge/min). Nach wie vor muss bei Jugendlichen – vergleichbar zum Schulkindalter – auf einen ausgewogenen Bau- und Energiestoffwechsel geachtet werden. Die *anaerobe Ausdauerfähigkeit* nimmt ab dem frühen Jugendalter reifungsbedingt zu. Insgesamt führt das systematische Ausdauertraining (1 – 3 Std./Woche) zu erheblichen organismischen Anpassungen (z. B. Herz-Kreislauf-System, anaerobe Stoffwechselprozesse) und großen motorischen Leistungssteigerungen (Winter & Hartmann, 2018).

Kraftfähigkeiten

Die Muskulatur der oberen und unteren Extremitäten sowie die Sprung-, Stoß- und Sprintkraft zeigen entwicklungsbedingt zwar generell hohe Zuwachsraten, jedoch kann für die *verschiedenen Kraftfähigkeiten kein einheitlicher Entwicklungsverlauf* belegt werden. Bei *jungen Männern* verbessert sich aufgrund der verstärkten Zunahme der Muskelmasse von 27 % auf 40 % der Gesamtkörpermasse in auffälliger Art und Weise die Trainierbarkeit der Kraftfähigkeiten (Schmidtbleicher, 1994). Demgegenüber zeigen sich bei *jungen Frauen* (ab 14. Lebensjahr) stagnierende oder rückläufige Entwicklungstendenzen, die auf den weiblichen Hormonhaushalt (Östrogen, Progesteron) und die ungünstigen Last-Kraft-Verhältnisse zurückgeführt werden.

Große Anzahl Haltungsschäden

Nach Schmidbleicher (2009, S. 154-155) deutet die große Anzahl der Jugendlichen mit Haltungsschäden darauf hin (Mädchen: 70 %, Jungen: 55 %), dass „sowohl im schulischen als auch im außerschulischen Bereich zu wenig Reize für die muskuläre Kräftigung gesetzt werden", um dem Rückgang alltäglicher körperlicher Belastungen entgegenzuwirken. Zur allgemeinen Entwicklung der Bauch- und Rückenmuskulatur, der Armstützkraft sowie der Schnellkraft erscheinen zwei Kraftrainingseinheiten (á 30 min) pro Woche ausreichend (Diekmann & Letzelter, 1987). Für das Anschlusstraining empfehlen Zinke et al. (2018) die Kombination aus sportartspezifischem Krafttraining, Reak-

Krafttraining: 2 x pro Woche

tivkrafttraining (z. B. Niedersprünge aus geringer Höhe), Freihanteltraining (Leichte bis mittlere Gewichte!), Sehnenadaptationstraining (isometrische Kraftübungen) und Gleichgewichtstraining (Verletzungsprophylaxe!).

Schnellkraftfähigkeiten

Die *Schnellkraftfähigkeiten* (Reaktions-, Aktionsschnelligkeit, Bewegungsfrequenz) zeigen ab dem 13. Lebensjahr für *männliche Jugendliche* höhere jährliche Zuwachsraten als für weibliche Jugendliche (Winter & Hartmann, 2018). Die Reaktionszeiten und die Bewegungsfrequenz erreichen zum Ende der Pubeszenz nahezu die Kennwerte der Erwachsenen. *Beide Geschlechter* erzielen zwischen dem 13. und 15. Lebensjahr die höchsten Bewegungsfrequenzen.

Die *Beweglichkeitsfähigkeit* verbessert sich zwar generell im Oberkörperbereich (z. B. Rumpfbeuge vorwärts), bei den anderen Körpergelenken ist jedoch aufgrund des zweiten Längenwachstums und der hormonellen Einflüsse die grundsätzliche Verschlechterung der mechanischen Belastbarkeit des passiven Bewegungsapparates charakteristisch (Schultergelenk, Seitspreizen der Beine; s, Abb. 6). Das absolute Leistungsniveau der Beweglichkeitsfähigkeit bestimmen die individuellen Voraussetzungen des passiven und aktiven Bewegungsapparates sowie die speziellen Trainingsreize (Klee & Wiemann, 2012). Zu vermeiden sind überdosierte Spezialübungen (z. B. dynamische Hürdensitzübungen), die zu Überbeanspruchungen (z. B. Bandapparat der Kniegelenke) und Haltungsschäden führen können.

Koordinative Fähigkeiten

Im *frühen Jugendalter* erhöhen sich einerseits bei sportlich aktiven Heranwachsenden die Qualität und die Individualität der *koordinativen Fähigkeiten* sowie das *Repertoire der leichtathletischen Fertigkeiten*, während jugendliche Nichtsportler „zum Teil bereits eine Phase des Rückgangs, Stillstands oder eine verlangsamte Fertigkeitsentwicklung durchlaufen“ (Roth & Roth, 2009, S. 235). Dies betrifft insbesondere Bewegungsaufgaben, die große Anforderungen an die Koordination unter Zeitdruck oder die Anpassung an ungewohnte Situationen stellen (Winter & Hartmann, 2018; s. Bd. 1, Kap. 1). Andererseits muss „aufgrund möglicherweise ungünstiger konstitutioneller Leistungsvoraussetzungen und hormoneller Umstellungen mit einer zeitweisen Stagnation oder einer vorübergehenden Verlangsamung der Entwicklung der koordinativen Fähigkeiten und der leichtathletischen Fertigkeiten gerechnet werden“ (Wollny, 2022, S. 231).

Leichtathletischen Fertigkeiten

Für die *leichtathletischen Fertigkeiten* können im frühen Jugendalter große interindividuelle Leistungsdifferenzen beobachtet werden. *Ele-*

mentare, alltägliche Fertigkeiten (z. B. Laufen, Springen, Werfen) sind weniger beeinträchtigt als komplexe leichtathletische Techniken (z. B. Hürdensprint, Weitsprung, Speerwerfen), die eine gut ausgeprägte Feinkoordination oder Ausführungspräzision verlangen. Insgesamt erlernen Jugendliche einfache, disziplinspezifische Techniken (z. B. Ballwerfen, Schleuderballwerfen) dann häufig „auf Anhieb", wenn die koordinativen Fähigkeiten und die ganzheitliche Wahrnehmungsfähigkeit gut entwickelt sowie das Selbstvertrauen, die Leistungsbereitschaft und die Risikoneigung hoch ausgeprägt sind (Winter & Hartmann, 2018). Bei *komplexen Sporttechniken* (z. B. Stabhochsprung) ist das „Lernen auf Anhieb" aber vielfach nicht möglich, so dass methodische Übungsreihen zur vereinfachten, schrittweisen Fertigkeitsvermittlung notwendig sind (s. Bd. 1, Kap. 1).

Weit- und Hochsprung

Im *Weit- und Hochsprung* ist das frühe Jugendalter durch „weitgehend lineare, geschlechtsspezifische annähend parallele [...] erhöhte jährliche Zuwachsraten gekennzeichnet" (Winter & Hartmann, 2018, S. 304). Die geschlechtsspezifischen Unterschiede liegen zwischen 8 % und 12 % zugunsten männlicher Jugendlicher.

Wissenswertes zum Springen

2.1 Wie sieht die Vielfalt des Springens aus?

Allgemeine Sprungschule (Sprung-ABC)

2.2 Welche Gemeinsamkeiten und Unterschiede zeigen das Weitspringen und Hochspringen?

Dehnungs-Verkürzungs-Zyklus beim Springen

Sprunglauf

Spezielle Sprungschule – Mehrfachsprünge

Von der Speziellen Sprungschule zu den leichtathletischen Sprüngen

2.3 Wie können Lern- und Lehrprozesse gestaltet werden?

Ordnungsrahmen und Materialien

Beobachten und Korrigieren

Beteiligen – Mitgestalten – Experimentieren

2.4 Welche Wettkämpfe eignen sich?

Pädagogisch orientierte Wettkampfformen

DLV Wettkampfsystem Kinderleichtathletik

2.5 Leseempfehlungen

Kapitel

2

Das Springen zählt wie das Gehen und das Laufen zu den natürlichen menschlichen Bewegungsformen. Als wesentliche nachhaltige Erlebnisse des Springens gelten das Erreichen weit entfernter Ziele, die Überwindung hoher Hindernisse und das „Fliegen". Das *Hauptziel des Springens* besteht darin, durch den kraftvollen Abdruck vom Untergrund eine lange Flugzeit und eine große Höhe oder Weite zu erreichen. Von besonderer Bedeutung ist die Beherrschung des Körpergewichts und des Körpergleichgewichts, da der Springer entgegen der Schwerkraft vom Boden abheben und unter Erhaltung des Körpergleichgewichts sicher landen muss. Das *Bindeglied der vier klassischen leichtathletischen Sprungdisziplinen* – Weitsprung, Dreisprung, Hochsprung und Stabhochsprung – stellt der regelgerechte einbeinige Absprung aus dem schnellen Anlauf dar („Take-off"), im Rahmen dessen das Nichtsprungbein und die Arme als verstärkende Schwungelemente eingesetzt werden. Nach dem Verlassen des Untergrunds kann die Flugbahn des Körperschwerpunkts nicht mehr verändert werden. Während der Flugphase muss der Springer die Flugkurve optimal ausnutzen und die sichere, verletzungsfreie Landung vorbereiten.

Ziele des Springens

2.1 Wie sieht die Vielfalt des Springens aus?

Das Springen *vor und neben der Leichtathletik* zeichnet sich durch die große Vielfalt aus. Hierbei geht es nicht alleinig um das Springen in die Weite oder die Höhe, sondern ebenso um herausfordernde und erlebnisreiche Sprünge beispielsweise über, von oder durch etwas springen. Zu den Grundvoraussetzungen des Springens zählen neben der motorischen Basisausbildung die gut ausgeprägte Bewegungskoordination, Oberkörperkraft, Gelenkstabilität und Gleichgewichtsfähigkeit. Das *vielfältige Springen* umfasst sowohl einbeinige als auch beidbeinige Sprungformen mit unterschiedlichen Sprung- und Landevarianten.

- *Absprung und Landung*. Einbeinig oder beidbeinig
- Mit demselben Bein abspringen und landen
- Einbeinsprünge mit Beinwechsel
- Laufsprünge und Schrittsprünge

Vielfalt des Springens

Allgemeine Sprungschule (Sprung-ABC)

Die *Allgemeine Sprungschule (Sprung-ABC)* kennzeichnet die abwechslungsreiche, variantenreiche Schulung der einbeinigen und beidbeini-

Allgemeine Sprungschule

gen Sprung- sowie Landefähigkeiten durch herausfordernde, erlebnisreiche Sprungvariationen. Mit einfachen Mitteln lassen sich nahezu unerschöpfliche Sprunggelegenheiten oder Sprunglandschaften zusammenstellen (z. B. elastische Sprungbänder, Baustellenband, Längskästen, Gerätturnmatten, Pappkartons, Schaumstoffblöcke, Sprungseile, Gymnastikreifen; s. Kap. 2.3, Abb. 17).

Herausfordernde Sprung-variationen

Vielfalt der Allgemeinen Sprungschule

- Auf der Stelle oder aus der Fortbewegung
- Aus dem Stand, Gehen oder Laufen
- Einbeinig oder beidbeinig
- Einfach- oder Mehrfachsprünge
- Vorwärts, rückwärts oder seitwärts
- Verschiedene Rhythmen
- Mit Körperdrehungen
- Aus geradem oder bogenförmigem Anlauf
- Auf unterschiedlichen Untergründen
- Auf Ziele oder in Zonen
- Von, auf oder über verschiedene Hindernisse
- Durch oder an etwas heran
- Mit Geräteeinsatz (z. B. Seil, Stab)
- Einzeln, hintereinander oder synchron
- In unterschiedlichen Organisationsformen

Über die Vielfalt vermitteln

Spezielle Sprungschule

Die wesentliche Aufgabe der *Allgemeinen Sprungschule* besteht darin, den Anfängern abwechslungsreiche Situationen anzubieten, in denen die Sprungfähigkeit spielerisch und variantenreich erprobt sowie entwickelt werden kann. Im Vordergrund steht die *fähigkeitsorientierte Fertigkeitsvermittlung*, die zunächst koordinativen Übungen vertraut, bevor konditionelle und technikorientierte Trainingsziele verfolgt werden. Die anschließende *Spezielle Sprungschule* (s. Kap. 2.2) – als Übergang von beidbeinigen zu einbeinigen Sprüngen und von allgemeinen zu speziellen Sprungformen – bildet die speziellen koordinativen sowie konditionellen Voraussetzungen für die klassischen leichtathletischen Sprungtechniken aus.

2.2 Welche Gemeinsamkeiten und Unterschiede zeigen das Weitspringen und Hochspringen?

Biomechanische Gemeinsamkeiten

Aus *biomechanischem Blickwinkel* lassen die verschiedenen leichtathletischen Sprungdisziplinen zahlreiche Gemeinsamkeiten und nur wenige Unterschiede erkennen. Die Bewegungsabläufe der Sprungdisziplinen der Leichtathletik werden üblicherweise in vier generelle

Bewegungsphasen gegliedert: Schneller Anlauf, dynamischer einbeiniger Absprung und disziplinspezifische Flugphase sowie Landung.

- Der *schnelle Anlauf* spielt die entscheidende Rolle für die Sprungleistung. Unterschieden werden die Beschleunigungsphase und die Absprungvorbereitung (die letzten Schritte vor dem einbeinigen Absprung).
- Während des *dynamischen einbeinigen Absprungs* werden unter Nutzung der Anlaufgeschwindigkeit die Richtung und die Geschwindigkeit des Körperschwerpunkts in charakteristischer Art und Weise umgewandelt. Der Sportler realisiert den Absprung durch den aktiven, flach von oben aufgesetzten Sprungfuß mit anschließender kurzer Amortisation – Beugung der Fuß-, Knie- und Hüftgelenke – und den aktiven Einsatz der Schwungelemente. Der Oberkörper wird in der sogenannten „Take-off-Position" aufrecht gehalten, das Absprungbein im Kniegelenk vollständig gestreckt und das Schwungbein im Hüft- und Kniegelenk nahezu im rechten Winkel stabilisiert.
- Die *disziplinspezifische Flugphase* beginnt mit dem Verlassen des Absprungfußes vom Untergrund. Im Mittelpunkt stehen die Erhaltung des Körpergleichgewichts, die Vorbereitung der sicheren, verletzungsfreien Landung und zusätzlich beim Hochsprung sowie Stabhochsprung die Steigphase mit der Lattenüberquerung. Nach dem Absprung kann die Flugbahn des Körperschwerpunkts nicht mehr verändert werden.
- Die *disziplinspezifische Landung* erfolgt entweder auf den Füßen, dem Gesäß oder dem Rücken und der Schulter. Die technisch korrekte Landung begünstigt den verletzungsfreien Abschluss des Sprungs und beeinflusst im Rahmen der Horizontalsprünge die Sprungleistung (Weitsprung, Dreisprung).

Biomechanische Unterschiede zwischen Weit- und Hochspringen

Neben den aufgezeigten biomechanischen Gemeinsamkeiten der vier leichtathletischen Sprungdisziplinen bestehen zwischen dem Weitspringen und dem Hochspringen auffällige Unterschiede hinsichtlich der zeitlich-dynamischen Bewegungsstruktur.

In die Weite springen

Sprünge in die Weite (Horizontalsprünge) erfordern die große Anlaufgeschwindigkeit und den dynamischen Absprung. Die Verbindung von Anlauf und Absprung stellt hohe Leistungsanforderungen an die Koordinationsfähigkeit und die Kraftfähigkeit des Sportlers. *Je schneller die Anlaufgeschwindigkeit, desto kürzer ist die Zeit für den Absprung.* Die optimale Bodenkontaktzeit beträgt beim Absprung 0,10 bis 0,15 sec. Darüber hinaus muss der Weitspringer aus maximaler Anlaufgeschwindigkeit flach abspringen (Abflugwinkel: ca. 20°).

In die Höhe springen

Sprünge in die Höhe (Vertikalsprünge) verlangen im Unterschied zu Sprüngen in die Weite *geringere Anlaufgeschwindigkeiten* und *längere Bodenkontaktzeiten* (0,14–0,20 sec). Über die Art und Weise der Gestaltung der Flugphasen entscheiden die Kraftfähigkeit der unteren Extremitäten, die Anlaufgestaltung sowie die Anlaufrichtung. Des Weiteren muss der Hochspringer aus dem steilen Absprung komplexe Drehbewegungen realisieren (Abflugwinkel: ca. 60°).

Dehnungs-Verkürzungs-Zyklus beim Springen

Dehnungs-Verkürzungs-Zyklus

Die *Gestaltung des Anlauf-Absprungkomplexes* bestimmt maßgeblich die Sprungweite und die Sprunghöhe. Grundlage der leichtathletischen Sprünge ist der *reaktive Absprung*, im Rahmen dessen die Sprungmuskulatur in kurzer Folge zunächst exzentrisch und anschließend konzentrisch arbeitet. In der Leichtathletik treten beim Springen aus dem Anlauf (Drop-Sprünge) große reaktive Kräfte auf. Den *Dehnungs-Verkürzungs-Zyklus* kennzeichnet die *kurze nachgebende (exzentrische) Muskelarbeit*, die zur direkten, unwillkürlichen Innervation der beteiligten Muskelgruppen führt. Diese wird durch die Elastizitätskräfte der bindegewebsartigen Strukturen der Skelettmuskeln und der Körpergelenke unterstützt. Charakteristisches Merkmal der bindegewebsartigen Strukturen ist das Bestreben, sich nach der Dehnung auf die Ausgangslänge zu verkürzen und hierdurch ein Speichersystem für die elastische Energie zu bilden. Während der exzentrischen Muskelarbeit wird die Energie im Muskel-Sehnen-Komplex gespeichert und in der nachfolgenden überwindenden (konzentrischen) Phase in kinetische Bewegungsenergie umgewandelt. Diesen Effekt gilt es in den leichtathletischen Sprüngen unter Berücksichtigung der individuellen Kraftverhältnisse zu nutzen. Sinnvoll erscheinen kurze Bodenkontaktzeiten, um die optimale Beschleunigung im Moment des Absprungs zu erreichen (Schrader, 2007). Zentrales Merkmal der leichtathletischen Sprünge ist die kurze Amortisation – Nachgeben des Sprungbeins nach dem Aufsetzen und schnelle Bewegungsumkehr in die Streckbewegung – unter Erhaltung der Körperspannung.

Zentrales Merkmal der leichtathletischen Sprünge

Sprunglauf

Sprunglauf als Bewegungsfundament

Das Bewegungsfundament der leichtathletischen Sprungdisziplinen stellt der *Sprunglauf* als Serie gleicher, möglichst weiter Mehrfachsprünge aus dem Stand oder dem Angehen dar (s. Abb. 9). Der Sportler beginnt mit kleinen wechselseitigen Sprüngen, deren Intensität bis zum

Sprunglauf gesteigert wird. Zu den wesentlichen motorischen Eigenschaften des Sprunglaufs zählen (Killing, 2003a, b; Oltmanns 2008):

- Kraftvoller Abdruck des Sprungbeins vom Untergrund über den Fußballen mit vollständiger Kniegelenkstreckung des Sprungbeins.
- Schnelles Vorschwingen des im Kniegelenk gebeugten Schwungbeins mit „angezogenem" Fuß. Der Oberschenkel befindet sich waagerecht zum Boden.
- Die Schritthaltung und der Oberkörper werden über einen langen Zeitraum aufrecht gehalten. Das Sprungbein bleibt hinter dem Oberkörper im Kniegelenk gestreckt und weist in Richtung der Absprungstelle („Einfrieren" der Abdruckhaltung!).

Zentrale Bewegungsmerkmale des Sprunglaufs

- *Greifende Landevorbereitung*. Der Kniewinkel des Schwungbeins öffnet sich in der 2. Flugphase.
- Aus der Hüftgelenkstreckung eingeleiteter aktiv greifender Fußaufsatz unter dem Oberkörper (Kurze Amortisationsphase!) mit der Fußsohle oder der Ferse (Kleiner Fußsohlenwinkel!).
- Die gegengleich geführten Arme unterstützen den Absprung.
- Gleichmäßige rhythmische Sprungfolge.

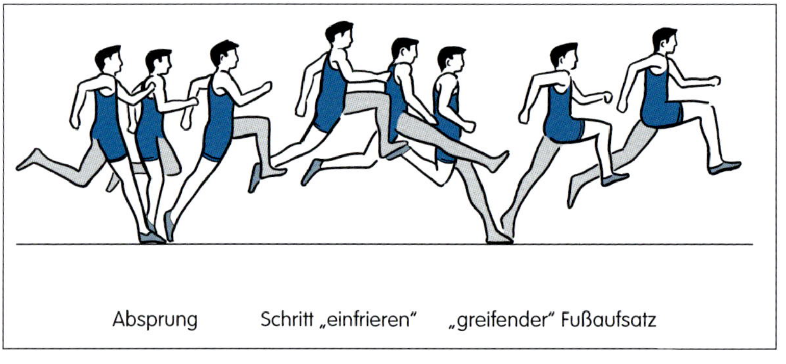

Sprunglauf

Abb. 9: Sprunglauf

Die leichtathletische *Grundtechnik des Sprunglaufs* kennzeichnen folgende Technikmerkmale.

Leichtathletische Grundtechnik des Sprunglaufs

- Den Absprung explosiv und aktiv realisieren.
- Die Streck- und Schwungbewegungen aufeinander abstimmen.
- Den Oberkörper beim Absprung stabilisieren.

- Den Absprung durch die Armbewegung in Lauf- und Sprungrichtung unterstützen.
- Den „greifenden" Fußaufsatz mit angezogener Fußspitze auf der Fußsohle realisieren.
- Das im Kniegelenk gebeugte Schwungbein aktiv einsetzen.
- Das Schwungbein nach dem Abflug kurzzeitig fixieren („Einfrieren").

Fehlerbild

Die *Anfangsphase des Sprunglaufs* – flach mit geringem Geschwindigkeitsverlust – stellt an den Athleten hohe koordinative und konditionelle Anforderungen (s. Abb. 9, 10 u. 15). Bei Anfängern kann vielfach beobachtet werden, dass diese nicht aktiv abspringen, sondern mit großen Schritten anlaufen, da das Sprungbein zu schnell nachgezogen wird. Im Hinblick auf dieses Fehlerbild muss beachtet werden, dass nach dem Absprung das Sprungbein über eine längere Zeitspanne im Kniegelenk gestreckt hinter dem Oberkörper gehalten (s. Abb. 10, Punkt 1) und die Ferse des Sprungbeinfußes beim Vorführen nicht zum Gesäß ausgerichtet wird. Während der Landung auf dem Fußballen muss die Fußspitze in der Flugphase angezogen (2) und der Oberschenkel des Schwungbeins bis in die Waagerechte (3) angehoben werden.

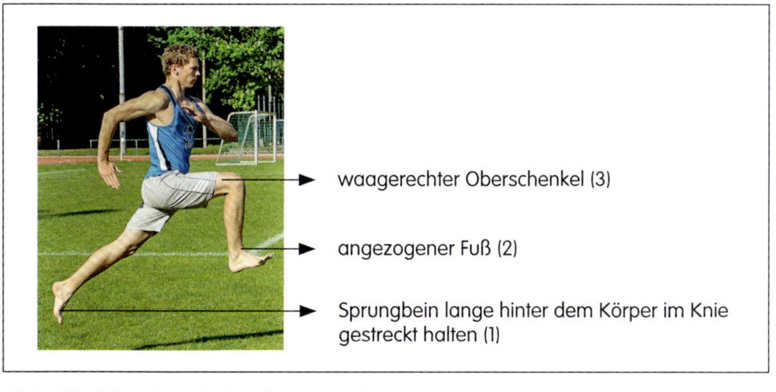

Abb. 10: Flugphase beim Sprunglauf

Methodik

Gemeinsamkeiten und Unterschiede

Aus *methodischer Sicht* bestehen zwischen den vier leichtathletischen Sprungdisziplinen ebenfalls zahlreiche Gemeinsamkeiten und nur wenige Unterschiede. Für die Vermittlung des leichtathletischen Springens gilt, dass Anfänger zunächst im Rahmen der *Allgemeinen Sprungschule* durch unterschiedliche Sprungformen und differenzierte Aufgabenstellungen vielfältige erlebnisreiche Erfahrungen sammeln. Im Mittelpunkt der anschließenden *Speziellen Sprungschule* stehen verschiedenartige Übungsformen mit dem Ziel, die Grundtechnik des Springens allmählich an die spezifischen Anforderungen der leichtathletischen Sprünge anzugleichen.

Spezielle Sprungschule – Mehrfachsprünge

Spezielle Sprungschule

Die *Spezielle Sprungschule* dient der Ausbildung der zentralen Bewegungsmerkmale des Springens. Im Fokus stehen Mehrfachsprünge und Übungsformen, welche die optimale Verzahnung von Anlauf und Absprung schulen, einen geringen Krafteinsatz erfordern und die technisch korrekte Bewegungsausführung sowie den angemessenen Bewegungsrhythmus ausbilden. Die für Mehrfachsprünge typische Hintereinanderschaltung mehrerer beidbeiniger, einbeiniger oder wechselseitiger Absprünge ohne Pause erfordert die gut ausgeprägte Bewegungskoordination, da in der Flugphase der nachfolgende Absprung vorbereitet werden muss.

Mehrfachspringen

Im Einzelnen entwickeln *Mehrfachsprünge* einerseits die erforderliche Beinstreckkraft, andererseits stellen Mehrfachsprünge aufgrund der Spezifik und der Strukturnähe wirkungsvolle Trainingsmittel zur Verbesserung der Sprungkoordination dar. Dementsprechend steht im Zentrum der *Speziellen Sprungschule* die technisch korrekte Ausführung der verschiedenen Sprungformen. Umfänge und Intensitäten werden dann erhöht, wenn die Athleten die Grundtechniken sicher beherrschen. Im Einzelnen sollten Lehrer und Trainer folgende Bewegungselemente thematisieren (May, 2009; Oltmanns, 2014).

Schulung zentraler Bewegungsmerkmale

- Greifender Fußaufsatz (angezogene Fußspitze!) auf der Fußsohle und kurze Bodenkontaktzeiten.
- Optimale Koordination der Streck- und Schwungbewegungen mit vollständiger Fuß-, Knie- sowie Hüftgelenkstreckung.
- Bewegungsunterstützender Einsatz der Schwungelemente. Die Arme und das Schwungbein werden in Sprungrichtung dynamisch mitgeschwungen sowie zum Absprungende schlagartig fixiert.
- Aktiver Einsatz des Schwungbeins und der Arme in Sprungrichtung mit kurzzeitiger Fixierung des Schwungbeins.
- Gerader Oberkörper und Körperspannung (Stabiler Oberkörper!), damit der Kraftimpuls auf den Oberkörper übertragen werden kann.
- Stabile Beinachse(n) in der Ebene der Bewegungsrichtung.

Für Anfänger beidbeinige Sprungformen

Die *Spezielle Sprungschule* unterscheidet des Weiteren einbeinige und beidbeinige Mehrfachsprünge. *Beidbeinige Sprünge* reduzieren die körperliche Belastung und können Über- oder Fehlbeanspruchungen vermeiden helfen. Für Anfänger empfehlen sich beidbeinige Sprungformen oder Einbeinsprünge mit ständigem Beinwechsel, da Anfänger nur wenig ausgeprägte physische Voraussetzungen für technisch korrekte einbeinige Belastungen besitzen. Zum *Übungskatalog der Speziellen Sprungschule* zählen folgende einbeinige und beidbeinige Sprungformen.

Prellsprünge

Beidbeinige, einbeinige oder wechselseitige Sprünge aus den Fußgelenken mit stabilem Oberkörper und gestrecktem Kniegelenk (s. Abb. 11).

- *Bewegungsrichtung*. Vorwärts, rückwärts oder seitwärts
- *Im Wechsel*. Flach, mittel oder hoch
- Grätschen oder Schließen der Beine (Hampelmann)
- Variierende Armbewegungen

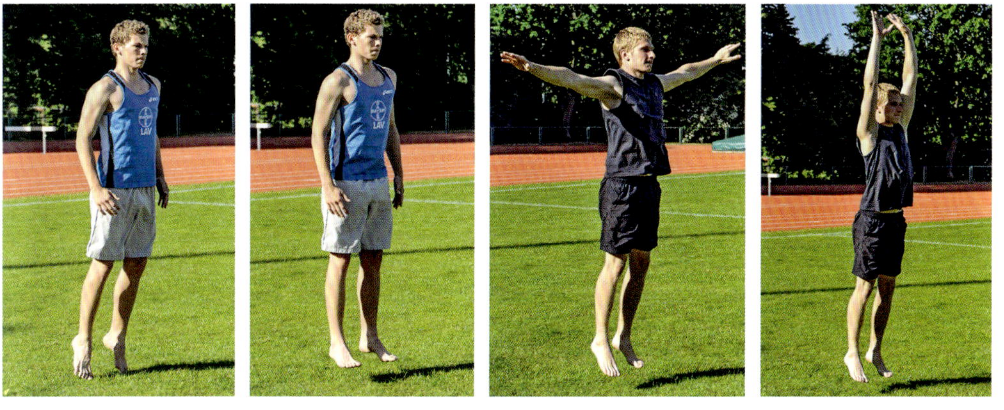

Abb. 11: Prellsprünge mit unterschiedlichem Armeinsatz

Prellhopser

Aus den Fußgelenken beidbeinig nach „vorn-oben" mit kurzem wechselseitigem Schwungbeineinsatz abspringen (s. Abb. 12).

- Bewegungsrichtung. Vorwärts, rückwärts oder seitwärts.
- Abwechselnd auf Höhe oder Weite, linkes oder rechtes Bein vorn.

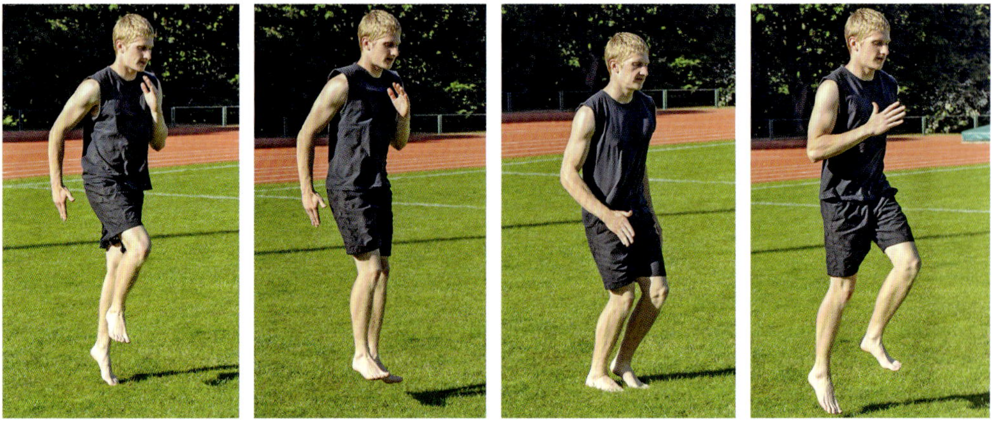

Abb. 12: Prellhopser

Einbeinsprünge (Hop-Sprünge)

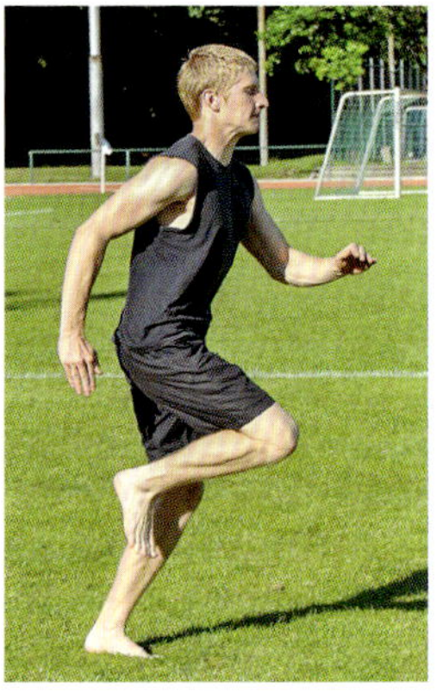

Abb. 13: Einbeinsprünge

Einbeinsprünge

Der Absprung und die Landung werden in Folge mit demselben Bein ausgeführt (s. Abb. 13). Einbeinsprünge stellen hohe koordinative und konditionelle Anforderungen an den Sportler, da die Sprunghöhe sowie die Falltiefe vergrößert werden und hierdurch große Haltekräfte entstehen. Hop-Sprünge lassen sich aus dem Stand oder dem Anlauf und mit Beinwechsel nach jeweils zwei bis drei Sprüngen auf demselben Bein realisieren. In der *Flugphase* muss das Sprungbein schnell nach vorn zur Landung und das Schwungbein von „vorn-oben" nach „hinten-unten" geführt werden. Einbeinsprünge eignen sich aufgrund der hohen Leistungsanforderungen vorrangig für das Fortgeschrittenentraining (Killing, 2003b; 2006; 2019).

Einbeinwechselsprünge (Rhythmussprünge)

Für *Anfänger* sind Einbeinwechselsprünge mit räumlichen Vorgaben (z. B. zwei links – zwei rechts) besser geeignet als Einbeinsprünge, da Einbeinwechselsprünge aufgrund des ständigen Beinwechsels geringere körperliche Beanspruchungen hervorrufen. Vermieden werden müssen nicht-rhythmische Sprungfolgen, im Rahmen dessen der Einbeinsprung akzentuiert und der Wechselsprung vernachlässigt wird.

Hopserlauf

Einbeinig nach „vorn-oben" abspringen und auf dem Absprungbein landen. Anschließend einen Vorwärtsschritt ausführen und die Bewegung mit der Gegenseite fortsetzen. Hierbei werden in rhythmischer Abfolge zwei Hüpfer auf dem linken und zwei Hüpfer auf dem rechten Bein realisiert (s. Abb. 14). Hopserläufe stellen neben Sprungläufen die zentralen Bewegungsaufgaben des leichtathletischen Sprungtrainings dar. Ergänzend können einzelne Technikelemente wie Fußaufsatz, Armeinsatz oder Schwungbeineinsatz akzentuiert werden.

Hopserlauf

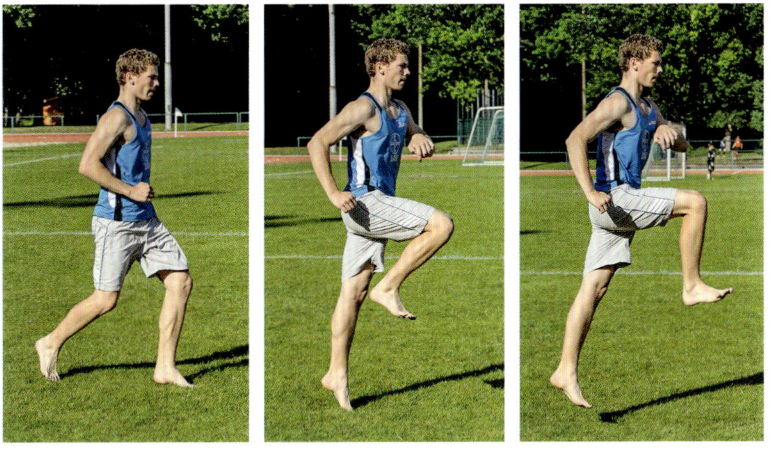

Abb. 14: Hopserlauf

Variation der Hopserläufe

- Mit wechselseitigem oder Doppelarmeinsatz
- Bewegungsrichtung. Vorwärts, rückwärts oder seitwärts
- In die Höhe oder die Weite
- Absprung links und rechts akzentuiert

Sprunglauf

Einbeinig im Wechsel nach „vorn-oben" springen und das Schwungbein in der Waagerechten kurzzeitig fixieren. Den Fuß aktiv aufsetzen und über die Fußsohle zum Fußballendruck übergehen (Absprungbewegung „Einfrieren", s. Abb. 15). Die Sprünge erfolgen gleichmäßig flach, schnell und mit aktiv greifendem Bein- sowie Fußaufsatz.

Variation der Sprungläufe

- Aus dem Stand oder mit kurzem oder mittlerem Anlauf
- Mit Gegenarmschwung oder Doppelarmschwung

- In die Höhe oder die Weite
- Einseitig links oder rechts akzentuiert (1er-Take-off)
- Abwechselnd nach links und nach rechts (z. B. über Linien)

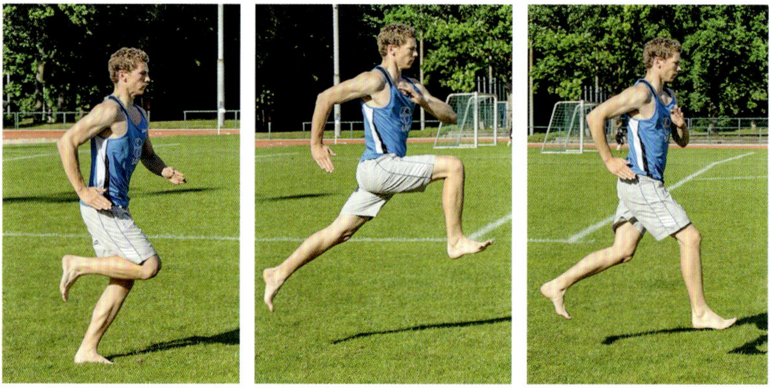

Sprunglauf

Abb. 15: Sprunglauf

Wenn die Sprungläufe aus dem Stand oder dem Angehen erfolgen, dann erhöht sich in den ersten Sprüngen durch die zunehmende Horizontalgeschwindigkeit die Sprungdynamik. In den nachfolgenden Sprüngen bleibt die Sprungdynamik konstant.

Steigesprung (Take-off)

Der Steigesprung stellt für die leichtathletischen Sprünge das grundlegende Bewegungselement dar. Der Steigesprung beginnt mit dem kurzen Anlauf und dem einbeinigen Absprung nach „vorn-oben" unterstützt durch den schwunghaften Einsatz des Schwungbeins sowie der Arme. In der Flugphase hält der Sportler die Absprungposition über eine längere Zeitspanne aufrecht („Einfrieren" der Absprungbewegung), um auf dem Schwungbein landen zu können (s. Abb. 16). Der Absprung überführt die große Anlaufgeschwindigkeit in die hohe, weite Flugbahn. Steigesprünge stellen aufgrund der großen Bewegungsverwandtschaft mit den leichtathletischen Sprungtechniken („Familienähnlichkeit") ein bewährtes, häufig eingesetztes Trainingsmittel dar.

Steigesprung

Steigesprünge werden mit 3 bis 6 Sprüngen pro Serie mit 2 bis 4 Anlaufschritten zwischen den Sprüngen ausgeführt und lassen sich in Sprünge mit Sprungbeinlandung im Hopserrhythmus sowie Sprünge mit Schwungbeinlandung gliedern (Keil, 2013). Nach dem Take-off ist ebenfalls die beidbeinige Landung möglich (z. B. Steigesprünge in die

Weitsprunggrube). Räumliche Orientierungshilfen dienen der Unterstützung der Aufgabenstellungen (z. B. quer liegende Gerätturnmatten, Schaumstoffblöcke, kleine Anfängerhürden).

Steigesprünge eignen sich aufgrund der Bewegungsstruktur besonders für das kurzzeitige „Einfrieren" der Absprunggestalt in der Luft mit optimaler Knie- und Hüftgelenkstreckung sowie gerader, stabiler Oberkörperhaltung. Folgende Bewegungsmerkmale kennzeichnen die Steigesprünge (Killing, 1995; 2003a; 2009).

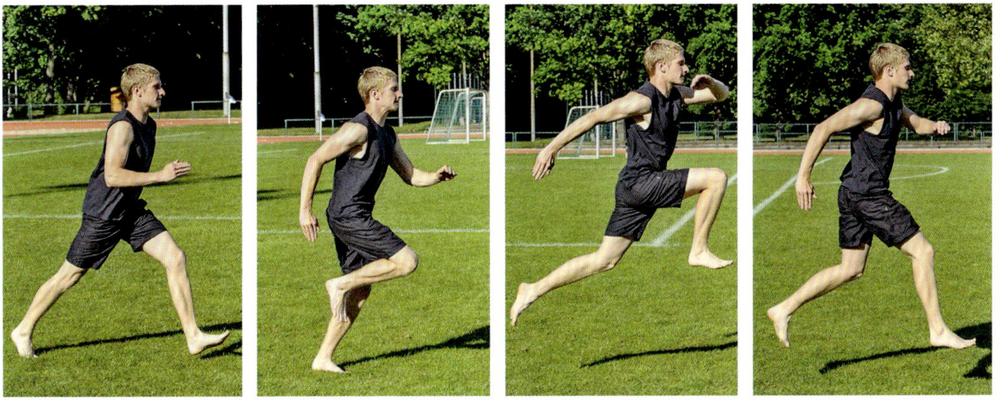

Abb. 16: Steigesprung

Bewegungsmerkmale der Steigesprünge

- Flüssiger Übergang vom Anlauf in den Absprung
- Streckung des Sprungbeins im Kniegelenk vor der Auflösung des Bodenkontakts
- Kurzer, dynamischer Schwungbeineinsatz
- Mitschwingen und Ausbalancieren der oberen Extremitäten
- Fixierung der Absprungposition nach dem Bodenkontakt

Von der Speziellen Sprungschule zu den leichtathletischen Sprüngen

Übergang zu leichtathletischen Sprüngen

Durch die Kombination der Allgemeinen Sprungschule (Sprung-ABC) mit der *Speziellen Sprungschule* lassen sich disziplinspezifische Übergänge schaffen, beispielsweise die *Verbindung zum kurvenförmigen Hochsprunganlauf*, indem die Athleten die Sprungformen im Slalom oder auf Kreisbögen ausführen. Des Weiteren können die unterschiedlichen Bewegungsvarianten der Schwungarmführung (Doppel- oder

Führarmspringer) zur Vorbereitung der Zieltechnik eingesetzt werden. Der *Dreispringer* kann den typischen Dreisprungrhythmus in die einfachen ABC-Sprungformen einbauen und Bewegungsvarianten für die Arme berücksichtigen. *Stabhochspringer* können einen Teil des Sprung-ABC mit Sprungstäben oder kurzen Stabstücken realisieren (Keil, 2013).

Bewegungszergliederung „von der Mitte nach außen" oder „von vorn nach hinten"

In der *Anfängerschulung* besteht das effektive methodische Vorgehen darin, dass die in der *Allgemeinen Sprungschule* erworbene generelle Sprungbewegung nach der Bedeutung der Teilabschnitte für das Erreichen des Bewegungsziels *Weitspringen* oder *Hochspringen* von der Bewegungsmitte nach außen oder in Teilen von vorn nach hinten zergliedert wird (Göhner, 1975; 1979, s. Bd. 1, Kap. 1.3). Der *Absprung* stellt die funktional *unabhängige Hauptfunktionsphase* dar, die durch Mehrfachsprünge und Sprünge aus dem kurzen Anlauf geschult wird. Anschließend werden die *abhängigen Hilfsfunktionsphasen* – Anlauf, Flug und Landung – hinzugefügt. Dem *Vereinfachungsprinzip der Verkürzung der Bewegungslänge* (Reduzierung der Bewegungskomplexität) kommt eine besondere Bedeutung zu (s. Bd. 1, Kap. 1.3). In Abhängigkeit von den äußeren Rahmenbedingungen und den individuellen Voraussetzungen der Athleten schließt eine derartige methodische Orientierung jedoch nicht aus, dass im Vermittlungsprozess ebenfalls ganzheitliche Vermittlungswege zum Einsatz gelangen.

Vereinfachungsprinzip

2.3 Wie können Lern- und Lehrprozesse gestaltet werden?

Ordnungsrahmen und Materialien

Mit dem Partner oder der Gruppe

Das *Sprung-ABC* (allgemeine Sprungschule, s. Kap. 2.1) kann einzeln, mit dem Partner oder in der Gruppe sowohl auf ebenen Rasenflächen als auch auf Tartanböden oder Sporthallenböden realisiert werden. Die Sprungvarianten reichen von freien Sprüngen über Sprünge auf Kommando bis hin zu Sprüngen über Linien oder andere Markierungen. Der Einsatz unterschiedlicher Materialien und Geräte fördert die Motivation der Heranwachsenden. Beispielsweise können kleine Schaumstoffblöcke oder Anfängerhürden zur Rhythmusschulung oder als Höhen- und Weitenorientierer verwendet werden. Besonders geeignet ist der *Sprungparcours* mit verschiedenen Geräten (z. B. Springseile, Mini-Hürden, Schaumstoffblöcke, Sprungständer, Gymnastikreifen,

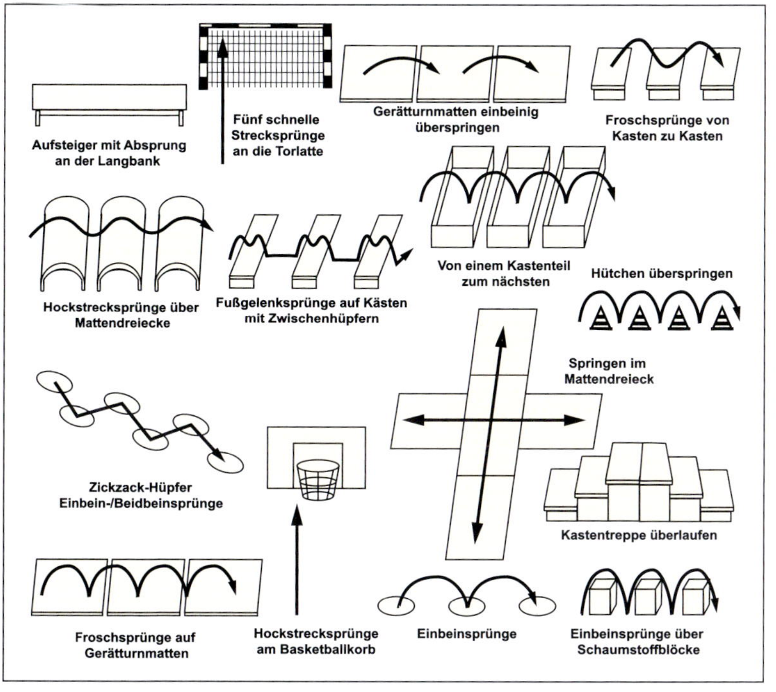

Abb. 17: Sprungparcours für Mehrfachsprünge in der Sporthalle (mod. nach Hücklekemkes, 2011, S. 12)

Gerätturnmatten, Gerätturnbänke, Längskästen, Pappkartons) und Bodenbelägen unterschiedlicher Härte sowie Federung (s. Abb. 17).

Im *Sprungparcours* überqueren die Sportler nacheinander einbeinig oder beidbeinig verschiedenartige Hindernisse mit unterschiedlichen Sprunganforderungen. Primäres Ziel ist die spielerische Verbesserung der Gewandtheit, des Sprunggefühls und der Sprungkraftfähigkeit. Des Weiteren werden erste Erfahrungen mit horizontalen und vertikalen Sprüngen vermittelt (Hücklekemkes, 2011; Lütgeharm, 2011).

Hinweise zur technischen Ausführung der Sprünge

Technik

- Athleten, Trainer und Lehrer sollten auf die technisch korrekte Bewegungsausführung achten, damit sich keine falschen Bewegungstechniken einprägen. Von zentraler Bedeutung ist der geradlinige Absprung als Voraussetzung für den aktiven Absprung.
- *Einbeinige Sprünge* müssen zur Vermeidung des einseitigen Übens gleichmäßig auf die linke und rechte Körperseite verteilt werden.

- Der *Hopserlauf* kann als Übungsform für die Aneignung der Basiselemente des Springens verwendet werden, da der Sprunglauf technisch-koordinativ komplexer und konditionell anspruchsvoller ist.
- Sprungübungen aus dem Stand oder dem kurzen Anlauf sind koordinativ sowie konditionell weniger anspruchsvoll und ermöglichen größere Trainingsumfänge.
- Die *Überkreuzkoordination* von Sprungbein, Schwungbein und Schwungarm ist für die Rhythmusschulung besonders bedeutsam.
- Die Sprungrhythmen können durch akustische Orientierungshilfen vorgegeben werden (z. B. Klatschen).
- Die *Anlauflänge* und die *Anlaufgeschwindigkeit* sollten auf die individuellen konditionellen Möglichkeiten der Athleten abgestimmt werden.

Hinweise zum methodischen Vorgehen

- Die Bewegungsaufgaben des Sprung-ABC und der allgemeinen und speziellen Sprungschule können einzeln, mit dem Partner oder in der Gruppe geschult werden.
- Zunächst sollte die Bewegungstechnik vermittelt und anschließend der Umfang sowie die Intensität erhöht werden. Zu große körperliche Belastungen und Steigerungsraten begünstigen Verletzungen. Entscheidend ist die Verbesserung der Ausführungsqualität!
- Die Vielfalt der Sprungübungen bedingt große koordinative Anforderungen und reduziert körperliche Überbeanspruchungen.
- Bei großer körperlicher Beanspruchung müssen individuelle Erholungsphasen mit „Lockerungsübungen" und Entlastungsübungen eingeplant werden. **Methodik**
- Neben der dosierten Sprungintensität schonen nachgebende Untergründe den passiven Bewegungsapparat. Im *Freien* können die Sprünge auf dem Rasen oder im Sand absolviert werden. In der *Sporthalle* bieten sich Übungsbahnen aus Gerätturnmatten und Bodenturnläufern an.
- *Einfache Zusatzaufgaben* wie Richtungswechsel (z. B. Drehungen um die Körperlängsachse nach jeweils 4–5 Sprüngen), Variation der Sprungrichtung (z. B. Wechsel von akzentuiert in die Weite oder Höhe springen) oder Kombinationen (z. B. fünf links, fünf rechts) fördern die Ausbildung der Bewegungskoordination.

Beobachten und Korrigieren

Knotenpunkte beobachten und korrigieren

Beobachtungsstandorte

Trainer und Lehrer sollten hinsichtlich der leichtathletischen Sprungdisziplinen vergleichbar mit den Lauf-, Wurf- sowie Stoßdisziplinen (s. Bd. 1 u. 3, Kap. 2.3) vorrangig die technikrelevanten, idealtypischen Bewegungsphasen (Knotenpunkte) beobachten und korrigieren. Generelle, disziplinübergreifende Hinweise und Empfehlungen zur Auswahl geeigneter Beobachtungsstandorte können für die Sprungdisziplinen an dieser Stelle aufgrund der charakteristischen Besonderheiten der Teildisziplinen nicht gegeben werden. Disziplinspezifische Empfehlungen findet der Leser in den Einzelkapiteln zum Weitspringen (Kap. 3.4), Dreispringen (Kap. 4.4), Hochspringen (Kap. 5.4) und Stabspringen (Kap. 6.4).

Bewegungen variieren

In der Sprungschule variieren

Die Einzelübungen der Allgemeinen Sprungschule (Sprung-ABC) lassen sich hinsichtlich folgender Aspekte variieren.

- ***Äußere Bedingungen.*** Gelände oder Untergrund (Fester Boden, Rasen, Übungsbahn aus Gerätturnmatten), mit Schuhen oder barfuß
- ***Richtung.*** Vorwärts, rückwärts, seitwärts, geradeaus, abwechselnd nach links und rechts, in die Höhe oder Weite
- ***Rhythmus.*** Links – Links – Rechts – Rechts
- ***Intensität.*** Akzentuierter oder nicht akzentuierter Absprung, akzentuiert links oder rechts
- ***Geschwindigkeit.*** Flach und schnell vs. hoch und langsam
- ***Amplitude.*** Sprungbein (Kniegelenk gestreckt vs. gebeugt), Schwungbein (Kniegelenk gestreckt vs. gebeugt) und Armeinsatz (ohne, weites vs. kurzes Armschwingen)

Prellsprünge können an der *Koordinationsleiter* vielfältig geschult werden (s. Abb. 18). Der Abstand der Leitersprossen erfordert die exakte Dosierung der Bewegungsaufgaben (Oltmanns, 2006).

- Beidbeinige Prellsprünge frontal
- Beidbeinige Prellsprünge zickzackförmig, abwechselnd das linke und rechte Seitenband der Leiter zwischen den Füßen
- Beidbeinige Prellsprünge jeweils mit ¼-Drehungen nach unterschiedlichen Vorgaben
- Beidbeinige Prellsprünge seitwärts, bei jeder Landung die Leitersprosse zwischen den Füßen

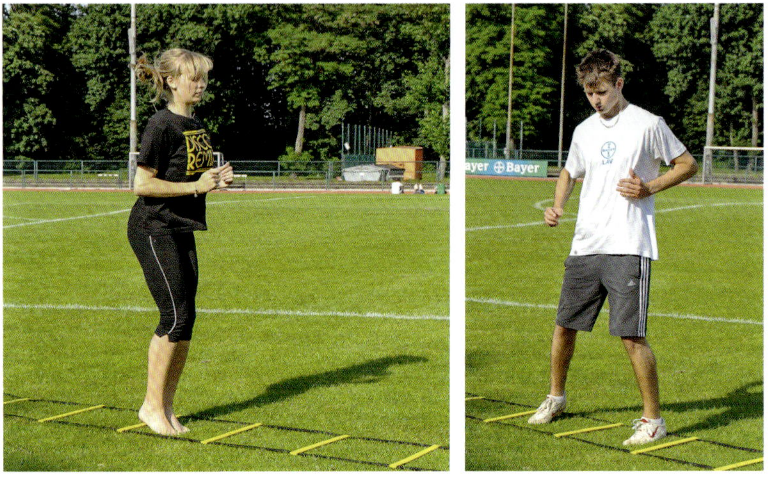

Prellsprünge an der Koordinationsleiter

Abb. 18: Prellsprünge frontal und seitlich

Mehrfachsprünge variieren

Variation der Mehrfachsprünge

Hopser-, Sprung-, Einbeinsprünge und Rhythmussprünge lassen sich mit unterschiedlichen Intensitäten, Rhythmen sowie Amplituden realisieren. Zudem können verschiedene Untergründe und Geländeprofile genutzt werden (z. B. bergauf, bergab). *Weiche, nachgebende Untergründe* (z. B. Waldwege, Sand) reduzieren die Bewegungsgeschwindigkeit und beanspruchen die fußstabilisierende Muskulatur. *Harte Untergründe* fördern die reaktive Muskelarbeit (Killing, 2003b). Das *Bergaufspringen* verlangsamt die Sprungbewegung und akzentuiert den Krafteinsatz, während das *Bergabspringen* die Sprungfrequenz erhöht und die Entwicklung der Bewegungsschnelligkeit fördert.

Der geübte Sportler kann neben der diagonalen, gegengleichen Armführung zur Sicherstellung der Impulsübertragung und der Erhaltung des Körpergleichgewichts ebenso den Doppelarmschwung verwenden. Dieser erhöht zwar die Schwungmasse, wirkt aber negativ auf die Horizontalgeschwindigkeit. Für *Anfänger* ist der Doppelarmschwung nicht geeignet, da die Arme während der kurzen Flugzeit nicht rechtzeitig hinter den Oberkörper geführt werden können, um den nächsten Sprung auszuführen (Killing, 2003b).

Gelenkschonend springen

Zeigt die Bewegungsqualität ein hinreichendes Niveau, lassen sich die Mehrfachsprünge mit Akzentuierung der Sprungschnelligkeit ausführen (z. B. Zehnersprunglauf auf Zeit). Hierbei sollten jedoch „schonende" Sprungmöglichkeiten genutzt werden, da die Mehrfachsprünge den passiven Bewegungsapparat besonders beanspruchen. *Ebene Rasenflächen* reduzieren die körperliche Beanspruchung. Das Springen auf gering ansteigenden Waldwegen schont aufgrund der verringerten Fallhöhe ebenfalls den Bewegungsapparat.

Der *Sprunglauf mit Anlauf* stellt durch die Verknüpfung von unterschiedlichen zyklischen Bewegungsformen hohe Anforderungen an die Koordination und die Kondition, da auf den zyklischen Anlauf unmittelbar der zyklisch andersartig zu gestaltende Sprunglauf folgt. Anfänger nutzen den Anlaufschwung vielfach zu einem zu stark ausgeprägten 1. Sprung, welcher die folgenden Sprünge negativ beeinträchtigt. Bei diesem Fehlerbild hilft der Hinweis, den 1. Sprung flach und mit geringem Geschwindigkeitsverlust auszuführen (Killing 2003b).

Steigesprünge variieren

Variation der Steigesprünge

Steigesprünge lassen sich in Anlehnung an Killing (2003a) durch räumliche Orientierungshilfen variieren.

- ***Untenorientierung.*** Sprünge über auf dem Boden liegende Hindernisse (Gerätturnmatten, Anfängerhürden, kleine Kästen).
- ***Hüftorientierung.*** Sprünge, bei denen im Flug mit der Hüfte ein Hindernis erreicht werden muss (vom Trainer gehaltener Stab).
- ***Obenorientierung.*** Sprünge zu Zielen in Kopf-, Reich- oder Sichthöhe (z. B. Basketballkorb).

Steigesprünge über Hindernisse werden zunächst abwechselnd mit beiden Beinen oder in Sprungserien mit demselben Bein ausgeführt. Anschließend findet innerhalb der Sprungserie der Sprungbeinwechsel statt, der durch variable Hindernisabstände „erzwungen“ wird.

Beteiligen – Mitgestalten – Experimentieren

Beteiligen und Mitgestalten lassen

Die *Beteiligung* der Kinder und Jugendlichen an der *Gestaltung des Lern- und Übungsprozesses* gilt als besonders motivierend. Geeignet sind spezielle Aufgabenstellungen und Aufforderungen („Entwickelt eine Sprungstation!“) sowie Gelegenheiten zum freien Experimentieren („Bei welcher Anlauflänge gelingt der Sprung am besten?“). Die Bedeutung der Bewegungsvariabilität lässt sich dann besonders herausstellen, wenn die Übenden mit unterschiedlichen Bewegungsaufgaben konfrontiert werden und zwischen Bewegungsmöglichkeiten wählen müssen.

Selbstständig experimentieren

Das *selbstständige Experimentieren* in der Gruppe oder mit dem Partner kann den Lern- und Übungsprozess ebenfalls unterstützen. Hierbei wirkt sich die Aufforderung zur eigenen Fehlereinschätzung günstig auf die Technikstabilität aus. Darüber hinaus sollten Anfänger die *Fähigkeit des Bewegungssehens* entwickeln, indem andere Gruppenmitglieder beobachtet werden. Ein lohnenswerter experimenteller Ansatz ergibt sich dann, wenn der Frage nachgegangen wird, wie beim Springen die Schwungelemente (Arme, Schwungbein) unterschiedlich eingesetzt werden können („Wann eignet sich ein Doppelarmschwung?"). Des Weiteren können Kinder und Jugendliche den *Sprungparcours* eigenständig zusammenstellen. Beim *Stabspringen* lassen sich beispielsweise verschiedene Sprungmodifikationen erforschen (z. B. in die Weite, in ein Ziel, nach unten oder oben oder von Kasten zu Kasten). Ebenso können experimentelle Aufgaben zu unterschiedlichen Bewegungsschwerpunkten angeboten werden, beispielsweise durch *Experimente zum Abflugwinkel*, indem beim Abspringen unterschiedliche Flugkurven angestrebt werden (z. B. steil, mittel, flach). Darüber hinaus können die Sportler *mit der Vorbeschleunigung experimentieren*, indem mit wenig oder viel Anlauf, weiter oder enger Impulskurve oder mit geringerer oder höherer Geschwindigkeit angelaufen wird.

Mehr Eigenverantwortung

Anstatt Heranwachsenden bestimmte Technikleitbilder vorzugeben, können diese gemeinsam individuelle Lösungen erforschen, ausprobieren, verwerfen oder modifizieren. Im Vordergrund stehen die Kreativität, das selbstständige Üben und die gegenseitige Beobachtung hinsichtlich der Qualität der Bewegungsabläufe. Trainer und Lehrer bieten lediglich Vorschläge zur Vorgehensweise an oder korrigieren die Lösungsversuche (Haupt, 2017a, b). Aufforderungen zum selbstständigen Experimentieren können beispielsweise zum Schwerpunkt „Erzeugung der Laufgeschwindigkeit" durch folgende Fragestellungen erfolgen (Zeuner et. al, 2010).

Fragestellungen an die Übungsgruppe

- Wie kann vor dem Absprung die größte Laufgeschwindigkeit erreicht werden?
- Ist es sinnvoll, vor dem Absprung über einen längeren Zeitraum mit maximaler Geschwindigkeit zu laufen?
- Welche Anlaufgeschwindigkeit kann im Absprung umgesetzt werden? Möglicherweise ist die maximale Anlaufgeschwindigkeit nicht sinnvoll.
- Wie kann die Anlaufgeschwindigkeit optimal in die Sprungweite oder die Sprunghöhe umgesetzt werden?

2.4 Welche Wettkämpfe eignen sich?

Pädagogisch orientierte Wettkampfformen

Grundsätzlich empfehlen sich im Sinne der motivationalen und altersgerechten Herangehensweise sogenannte *pädagogisch orientierte Wettkampfformen*. Hierbei geht die Leistung des einzelnen in die Gesamtleistung der Übungsgruppe ein oder es findet ein individueller Vergleich statt. Das primäre Ziel besteht darin, die Anfänger allmählich an den sportlichen Wettkampf heranzuführen (Sich mit anderen messen. Gewinnen und verlieren können!). Im Rahmen der Allgemeinen Sprungschule bieten sich verschiedene spielerische Wettkampfformen an (Haberkorn & Plaß, 1992).

Pädagogisch orientierte Wettkampfformen

- ***Kästchenhüpfen.*** Die Kinder und Jugendlichen springen beidbeinig durch die Kästchenreihe (Kantenlänge: ca. 40 cm). Die Art und Weise des Springens sowie die Reihenfolge werden vorab festgelegt. Die Sportler müssen exakt in den vorgegebenen Kästchen landen, ohne deren Rand zu berühren. Fehlversuch: Springerwechsel.

- ***Wörterhüpfen.*** In der Kästchenreihe wird jedes Kästchen mit einem Buchstaben gekennzeichnet. Der Sprung ins nächste Kästchen ist nur dann möglich, wenn ein Wort gefunden wird, das mit dem entsprechenden Buchstaben beginnt.

- ***Nachahmungsspringen.*** Der Trainer (Sportler) zeigt eine spezielle Sprungform. „Wer kann diesen Sprung auf Anhieb nachmachen?"

- ***Gummi-Hupf.*** Das Gummiband (Länge: 3 m) wird zwischen zwei Athleten auf Höhe der Fußgelenke gespannt. Der dritte Sportler führt in fester Reihenfolge Sprünge über das gespannte Gummiband aus (Fehlversuch: Springerwechsel). Die Aufgabenschwierigkeit kann durch die Verschiebung des Gummibandes nach oben gesteigert werden (z. B. kniehoch oder hüfthoch).

- ***Nummernwettspringen.*** Die nummerierten Gruppenmitglieder sitzen in der Reihe hintereinander. Bei Aufruf einer bestimmten Nummer hüpft der jeweilige Sportler um die Gruppe herum (Verschiedene Sprungformen!). „Wer sitzt zuerst an seinem Platz?"

- ***Springender Kreis.*** Die Übungsgruppe bildet einen Innenstirnkreis. Der Trainer (Sportler) steht im Kreis und schwingt das Seil mit einem am Ende befestigten leichten Gegenstand (Säckchen) flach über den Boden. Die Gruppe springt über das Seil. „Wer verbleibt 30 oder 60 sec im Kreis?“

- ***Kombinierte Slalom- und Sprungstaffel.*** Im Rahmen der Umkehrstaffel wird die Hindernisreihe auf dem Hinweg überwunden und auf dem Rückweg im Slalom umlaufen.

- ***Sprung- und Gewandtheitsstaffel.*** Im Rahmen der Umkehrstaffel auf dem Hinweg verschiedene Hindernisse überspringen und auf dem Rückweg durchkriechen (s. Bd. 1, Kap. 7.1).

- ***Aufsprung-Umkehrstaffel.*** Die Teilnehmer laufen 10 m an, springen auf die Weichbodenmatte, verlassen diese nach hinten, laufen zurück und wechseln.

- ***„Sumpf“-Staffel.*** Die Sportler springen beidbeinig über hintereinanderliegende Weichbodenmatten („Sumpf“). Anschließend seitlich an den Weichbodenmatten zurücklaufen!

- ***Hink-Tandem.*** Zwei Athleten bilden ein Tandem. Der vordere Partner hält das rechte Bein des hinteren Partners. Dieser fasst das linke Bein des vorderen Partners (Wetthinken als Pendelstaffel!).

DLV Wettkampfsystem Kinderleichtathletik

DLV Wettkampfsystem Kinderleichtathletik

Das bewährte *DLV Wettkampfsystem Kinderleichtathletik* (DLV, 2018, 2020) fördert den altersgemäßen Übergang von spielerischen in leichtathletische Wettkämpfe. Ziel ist es, Kindern und Jugendlichen vielfältige, abwechslungsreiche, altersgerechte Bewegungserfahrungen zu ermöglichen, um die allgemeine Entwicklung der koordinativen sowie konditionellen Fähigkeiten zu unterstützen und motorische Defizite im Bewegungsbereich abzubauen.

2.5 Leseempfehlungen

Differenzierte Einblicke in die leichtathletischen Sprungdisziplinen vermittelt der Band *Jugendleichtathletik – Rahmentrainingsplan für die Sprungdisziplinen im Aufbautraining* des Deutscher Leichtathletik-Verbands (2008). Die Monografie von Killing (2008) *Leistungsreserve*

Lese-empfehlungen

Springen und die Praxisbeiträge in der Zeitschrift *Leichtathletiktraining* von Schrader (2007), Keil (2013), Hücklekemkes (2020) sowie Lütgeharm (2020) stellen variantenreiche Übungen für das allgemeine und spezielle Sprungkrafttraining vor. Die Publikationen von Killing (2003a, b) und Oltmanns (2008) nehmen den Sprunglauf und den Steigesprung als Fundamentalübungen der leichtathletischen Sprünge in den Fokus. Spezifische Analysemöglichkeiten und Beobachtungsinhalte der leichtathletischen Sprünge erläutern Hommel und Killing (2007), während Oltmanns (2014), Czingon (2017) und Killing (2019) die Bedeutung der Kraftfähigkeit der unteren Extremitäten für die Leichtathletikdisziplinen thematisieren.

Kapitel

3

Weitspringen

Das Weitspringen stellt diejenige leichtathletische Disziplin dar, die von Kindern und Jugendlichen als besonders herausfordernd sowie motivierend angesehen wird, da das kurzzeitige „Fliegen“ nach dem Absprung zu eindrucksvollen Körpererfahrungen führt. Zudem lassen sich die Sprungleistungen unmittelbar überprüfen, messen und vergleichen. Sportpraktiker stufen den Weitsprung einerseits als einfach zu realisierende Bewegungstechnik ein, die bereits Grundschulkinder beherrschen. Andererseits stellt der Weitsprung eine komplexe, sportmotorische Fertigkeit dar, da durch den zielgenauen Anlauf eine große Laufgeschwindigkeit erreicht, in kurzer Zeit der explosive Absprung umgesetzt und die Arm-, Bein- sowie Oberkörperbewegung technisch korrekt koordiniert werden muss (Beckmann, 2011a, b; Knapp & Rudziok, 2012).

Einfach und komplex zugleich

Die Unterrichts- und Trainingspraxis beschränkt sich im Allgemeinen auf die Schulung der Zieltechnik *Weitsprung* sowie der wettkampfnahen Inhalte. Die *Vielfalt des Springens* bleibt jedoch dann ungenutzt, wenn lediglich die messbare Leistung im Vordergrund steht und nach gleichen, wenig motivierenden Ritualen geübt wird wie das Anstehen in der Reihe, das Warten auf den nächsten Sprung oder „irgendwie“ anlaufen und abspringen.

Vorsicht vor alten Übungsritualen!

3.1 Voraussetzungen schaffen

Große Sprungweiten verlangen neben der gut ausgebildeten Sprintschnelligkeitsfähigkeit und Sprungkraftfähigkeit ein hinreichend ausgeprägtes Koordinationsvermögen. Bedeutsam sind im Einzelnen der schnelle Anlauf und der kraftvolle Absprung. Für den *effektiven Anlauf* sind die optimale Schrittlänge und der Übergang in die rhythmisch ansteigende Schrittfrequenz entscheidend. Eine besondere Rolle spielt der reibungslose Übergang vom Anlauf in den Absprung. Des Weiteren unterstützet die Weitsprungleistung die effektive Körperhaltung in der Flugphase und der Landephase.

Für *Anfänger* ist das „Springen lernen“ wichtiger als die Aneignung spezieller Sprungtechniken. Bevor das Augenmerk auf den Schritt-, Lauf- oder Hangweitsprung gelegt werden kann, müssen Anfänger an der Weitsprunggrube vielfältige Sprungerfahrungen sammeln. Für die Schulung der Weitsprungtechnik eignen sich das *Sprint-ABC* (s. Bd. 1, Kap. 2.2) und die *Übungen der Allgemeinen sowie Speziellen Sprungschule* (s. Kap. 2.2). Erste Erfahrungen mit dem Weitspringen vermitteln spielerische Bewegungsaufgaben (Katzenbogner, 2001).

Grundlegende Sprint- und Sprungübungen

- Aus dem kurzen Anlauf einbeinig aus der Absprungzone abspringen (z. B. Fahrradreifen, Markierungen) und einbeinig (auf dem Schwungbein) oder beidbeinig landen.
- Vorgegebene Landezonen erreichen (z. B. Fahrradreifen) oder flache Hindernisse überqueren (z. B. Schaumstoffblöcke, Pappkartons).
- Zur Schulung des langen Haltens der Absprungposition über Hindernisreihen springen (z. B. 2–3 Gymnastikreifen oder Pappkartons).
- Aus dem Kniehebelauf über Schaumstoffblöcke anlaufen und nach „vorn-oben" über Hindernisse springen.

Weiten- und Höhenorientierer

Weitenorientierer (z. B. Markierungen, Zonen, Gymnastikreifen) und *Höhenorientierer* (z. B. Schaumstoffblöcke, Pappkartons) lassen sich in Abhängigkeit von der individuellen Sprungleistung differenziert einsetzen. Wesentlich erscheint das Üben an mehreren Anlauf-Absprung-Bahnen, so dass das Anstehen in der Reihe und das Warten auf den nächsten Sprung vermieden werden. Empfehlenswert ist der Anlauf von der Breitseite der Weitsprunggrube.

3.2 Grundlegende Technikmerkmale erkennen

Schrittsprungtechnik

1. Wahl

In der leichtathletischen Fachpraxis herrscht weitgehende Einigkeit darüber, dass für *Anfänger* die *Schrittsprungtechnik* die geeignete Sprungvariante zur Vorbereitung der Hang- oder Laufsprungtechnik darstellt. Neben der Einfachheit der Bewegungsausführung ist vor allem das zweckmäßige Absprungverhalten hervorzuheben. Die Schrittsprungtechnik gliedert sich – wie jede leichtathletische Sprungdisziplin – in den Anlauf, den Absprung, die Flugphase und die Landung. In der Regel werden ¾ der Weitsprungleistung durch die Verzahnung von Anlauf und Absprung und ¼ durch die Flugphase sowie die Landung bestimmt. Die Schrittsprungtechnik wird als natürliche Folge des technisch korrekten Anlauf-Absprung-Komplexes bezeichnet.

Anlaufphase

Der schnelle Anlauf spielt für die Weitsprungleistung die entscheidende Rolle. *Nur wer schnell anläuft, kann weit springen!* Der Anlauf gliedert sich in die Beschleunigungsphase und die Absprungvorbereitungsphase. Die *Beschleunigungsphase* unterscheidet sich nicht von der des leichtathletischen Sprints: „Locker", entspannter Fußballenlauf, geringe Oberkörpervorlage und „kniebetontes" Sprinten mit zunehmend greifendem Fußaufsatz. (s. Bd. 1, Kap. 4.2) Als optimale *Anlauflänge* gelten 12 bis 16 Anlaufschritte (ca. 25 m). Für jüngere Sportler erscheint der verkürzte Anlauf sinnvoll (Faustregel: Ein Anlaufschritt pro Lebensjahr. Bei sprintstarken Springern zwei zusätzliche Schritte!). Der Anlauf kann aus dem Stand (Hochstartposition), dem Angehen oder dem Anhüpfen mit Auftakt erfolgen (Ablaufmarke verwenden!). *Anfänger* sollten aus dem Stand anlaufen, damit das Treffen der Ablaufmarke erleichtert wird.

Anlauf 12 bis 16 Schritte

Die Beschleunigungsphase beginnt mit ersten druckvollen Schritten und anschließender deutlicher Temposteigerung. Die Höchstgeschwindigkeit wird zwei Schritte vor dem Absprungbalken mittels des entspannten „kniebetonten" Steigerungslaufs erreicht. *Fortgeschrittene* verwenden für das exakte Treffen des Absprungbalkens spezielle Zwischenmarken (Absprungbein trifft die Anlaufmitte oder die Markierung kurz vor dem Absprung!).

Beschleunigungsphase

Die *Phase der Absprungvorbereitung* beginnt dann, wenn der Weitspringer den *drittletzten Schritt vor dem Absprung* mit unvollständiger Kniegelenkstreckung des Abdruckbeins beendet, den Oberkörper aufgerichtet und den vorletzten Schritt vor dem Absprung geringfügig verlängert. Der vorletzte *Stütz* findet auf der flachen Fußsohle mit im Kniegelenk gebeugtem Bein statt. Hierdurch wird die Absenkung des Körperschwerpunkts erreicht und der vertikale Beschleunigungsweg verlängert. Der verkürzte *letzte Schritt* vor dem Absprung erfolgt von „oben greifend" (Rhythmus „Tam-Taaa-Tap").

Absprungvorbereitung

Absprungphase

Der Absprung stellt neben dem Anlauf die entscheidende Leistungskomponente des Weitsprungs dar, da nach dem Absprung der räumliche Verlauf des Körperschwerpunkts nicht mehr beeinflusst werden kann. Der Absprung gliedert sich in drei Bewegungsabschnitte: Fußaufsatz, Amortisation und Sprungbeinstreckung.

Absprung

Fußaufsatz

Der Fuß des im Kniegelenk weitgehend gestreckten Sprungbeins setzt mit der Fußsohle (Sehr flacher Sohlenwinkel!) aktiv „greifend" auf (nicht Stemmen!).

Amortisation

Drei Bewegungsphasen

Das Sprungbein wird im Fuß- sowie Kniegelenk geringfügig gebeugt (geringes Nachgeben im Kniegelenk!) und der Körperschwerpunkt über den Stützpunkt des Sprungbeins geführt. Zum Zeitpunkt der größten Kniebeugung des Sprungbeins hat das Schwungbein das Sprungbein überholt.

Sprungbeinstreckung

Die Hüft-, Knie- sowie Fußgelenke des Absprungbeins werden vollständig gestreckt und der Oberschenkel des im Kniegelenk gebeugten Schwungbeins bis in die Waagerechte geführt. Die Arme schwingen bis auf Augenhöhe gegengleich. Im Anschluss erfolgt die kurzfristige Abbremsung des Schwungbeins und der Arme (Kurzfristige Fixierung!), um die Kraftübertragung auf den Körperschwerpunkt auszulösen.

Zusammenfassend muss der Weitspringer aufgrund der kurzen Bodenkontaktzeit des Sprungbeins auf dem Absprungbalken und des direkten Einsatzes der Schwungelemente kurzfristig die stabile Flugposition erreichen, um die Horizontalgeschwindigkeit des Anlaufs optimal zu nutzen. Die aufrechte Oberkörperhaltung im Absprung bedingt die geringe Vorwärtsrotation und begünstigt das exakte Treffen des Körperschwerpunkts.

Flugphase

Flug

Die Absprunghaltung (Schritthaltung, Armhaltung) wird nach dem Bodenkontakt fixiert und die Kraftübertragung der Schwungelemente auf den Körperschwerpunkt abgeschlossen. Während der *Flugphase* dienen die koordinierten Arm- und Beinbewegungen der Erhaltung des Körpergleichgewichts sowie der Vorbereitung der Landung. Der durch die Bremskräfte bedingte Verlust der Horizontalgeschwindigkeit führt zur Vorwärtsrotation. Diese muss durch die Arm- und Beinbewegungen entgegengewirkt werden. Die Flugphase beeinflusst die Weitsprungleistung nur geringfügig und dient vor allem der Körperstabilisierung in der Luft sowie der Einnahme der optimalen Landehaltung. Die *Schritt-, Lauf- und Hangsprungtechnik* unterscheiden sich ausschließlich hinsichtlich der Flugphase voneinander.

Für *Anfänger* eignet sich vorrangig die *Schrittsprungtechnik*. Das Sprungbein wird zunächst hinter dem Oberkörper gehalten, während das Schwungbein nach vorn schwingt (Schrittstellung, s. Abb. 19). Der 1. Teil der Flugphase dient der Erhaltung der weiten Schrittstellung aus dem Absprung. Der 1. Schritt während der Flugphase stellt das Ergebnis der Schwungbeinführung beim Absprung dar. Der Weitspringer hält den Oberkörper aufrecht und „friert" die Absprungbewegung ein. Im 2. Teil der Flugphase erfolgt direkt vor der Landung durch die Heranführung des Sprungbeins zum Schwungbein ein ½ Schritt, so dass beide Beine sich nahezu waagerecht nebeneinander befinden.

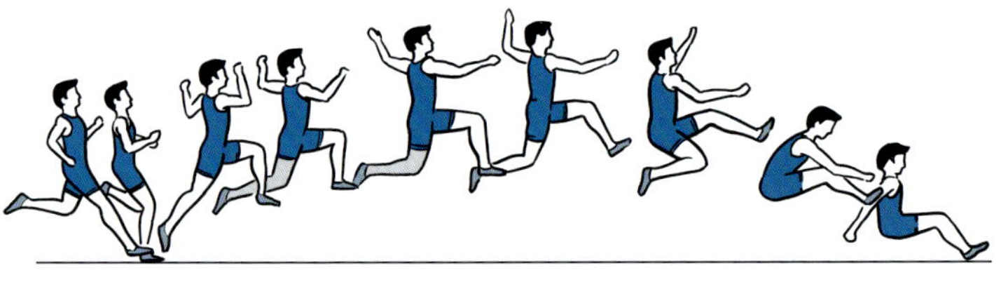

Technik Schrittsprung

Abb. 19: Schrittsprungtechnik

Laufsprung und Hangsprung

Folgetechniken

Lauf- und Hangsprung

Die beiden leichtathletischen Sprungtechniken – *Laufsprung* und *Hangsprung* – werden nach der jeweiligen motorischen Aktion in der Flugphase bezeichnet. Während für den Anlauf keine wesentlichen Unterschiede zwischen beiden Sprungtechniken bestehen, treten diese im Absprung- und Flugverhalten deutlich hervor.

Pro und Contra

Für die *Lauftechnik* sprechen die gute Ausgleichsmöglichkeit der absprungbedingten Vorwärtsrotation in der Flugphase durch die großräumige Arm- und Beinbewegung sowie die einfachere Landevorbereitung. *Nachteilig* ist, dass die Vielzahl der auszuführenden Bewegungsteile eine Mindestsprungweite voraussetzt. Diese liegt in Abhängigkeit von der Altersstufe zwischen 4,00 und 5,50 m (Haberkorn & Plaß, 1992).

Bei der *Hangtechnik* kann während des Absprungs die frühe Vorwegnahme der „Hanghaltung" zum passiven oder fehlenden Schwungbeineinsatz führen. Ebenso kann sich in der Flugphase die geringe Ausgleichsmöglichkeit der Vorwärtsrotation nachteilig auf die Flugstabilität auswirken. Des Weiteren erscheint die Hangtechnik der Lauftechnik hinsichtlich der Landevorbereitung unterlegen zu sein, da die Beine gleichzeitig zur Landung weit nach vorn gehoben werden müssen. Demgegenüber müssen bei der Lauftechnik die Beine nacheinander nach vorn geschleudert werden.

Landephase

Landung

Die Landephase kennzeichnen die Klappmesserhaltung am Ende der Flugphase und die Sitzhaltung vor dem Bodenkontakt. Ziel ist es, dass der 1. Bodenkontakt vor der Projektion des Körperschwerpunkts erfolgt. Die „elastische", raumgreifende Landung erfordert den harmonischen Übergang von der Phase der weit nach vorn geführten Beine in die Phase der schnellen Kniebeugung zum Zeitpunkt des Bodenkontakts, um das Gesäß in den Landetrichter der Füße zu „schieben". Der Sportler kann den Oberkörper ebenso zur „Seite werfen", um das Zurückfallen zu verhindern. Die *optimale Landung* ergibt sich aus der Differenz zwischen der theoretischen Projektionslinie des Körperschwerpunkts und der tatsächlichen Landestelle der Füße. Im Idealfall berühren die Füße den Sand der Weitsprunggrube deutlich hinter dem rechnerischen Landepunkt des Körperschwerpunkts.

3.3 Techniken aneignen, variieren und optimieren

1. Zieltechnik

Schrittweitsprung

Anfänger sollten zunächst die *Schrittsprungtechnik* erlernen, da diese leichtathletische Fertigkeit aufgrund der einfachen Grundstruktur die Konzentration auf die Ausführung der zentralen Bewegungsphase – den Anlauf-Absprung-Komplex – ermöglicht. Demgegenüber überfordern der Hangsprung und der Laufsprung den ungeübten Sportler aufgrund der großen Bewegungskomplexität (zahlreiche hintereinander geschaltete Teilbewegungen). Des Weiteren verlangen diese beiden leichtathletischen Sprungtechniken aufgrund der stabilisierenden Teilbewegungen längere Sprungweiten sowie Flugzeiten.

Obwohl die Sprungweite entscheidend von der Anlauflänge und der Anlaufgeschwindigkeit bestimmt wird, erzielen Anfänger mit dem kürzeren, langsameren Anlauf größere Fortschritte, da die geringe Anlaufgeschwindigkeit im Rahmen des Absprungs aufgrund des nicht hinreichend ausgebildeten konditionellen und koordinativen Leistungsvermögens besser in die Sprungweite umgesetzt werden kann (Katzenbogner, 2012).

Methodische Leitlinien zur Aneignung der Schrittweitsprungtechnik

Die Fertigkeitsvermittlung des Schrittweitsprungs erfolgt nach der *hierarchischen Funktionsphasengliederung* von Göhner (1975; 1979, s. Kap. 1.2). Die Weitsprungbewegung wird nach der Bedeutung der Teilabschnitte für das Erreichen des Bewegungsziels von der Bewegungsmitte nach außen untergliedert. Vertraut wird den *Vereinfachungsprinzipien der Verkürzung der Bewegungslänge* (Reduzierung der Bewegungskomplexität) und der *Veränderung der variablen Bewegungsparameter* (Erleichterung der situativen Bedingungen, s. Bd. 1, Kap. 1.3). Dem Absprung kommt als *funktional unabhängige Hauptfunktionsphase* die zentrale Bedeutung für die Erfüllung der motorischen Zielaufgabe „Weitspringen" zu. Von der „Bewegungsmitte" ausgehend wird dem Absprung die *vorbereitende Hilfsfunktionsphase Anlauf* vorgeschaltet. Die *Flugphase und die Landephase (abschließende Hilfsfunktionsphasen)* überführen den instabilen Bewegungszustand in die stabile Körperhaltung. Der Lernprozess orientiert sich an folgenden methodischen Leitlinien.

Bewegungszergliederung „von der Mitte nach außen"

Vereinfachungsprinzipien

- Im Vordergrund steht die Übung des Anlauf-Absprung-Komplexes.
- Anläufe aus dem verkürzten Anlauf schulen die Umsetzung der Anlaufgeschwindigkeit in den Absprung.
- Die Übungssprünge werden aus 6 bis 8 Anlaufschritten absolviert (Mehr Absprung weniger Anlauf!).
- Das Treffen der Absprungzone und des Absprungbalkens besitzt im Rahmen der Anlauf-Absprung-Übungen keine Bedeutung.
- Die Steigerung der Bewegungsanforderungen erfolgt durch das Treffen der Absprungzone oder des Absprungbalkens, die Verlängerung des Anlaufs sowie die Optimierung der Landung.

Leitlinien zur Aneignung der Schrittsprungtechnik

Der methodische Einstieg in das leichtathletische Weitspringen erfolgt im Allgemeinen über Mehrfachsprünge sowie Steigesprünge zum Schrittweitsprung (s. Kap. 2) und lässt sich wie folgt gliedern.

Methodische Übungsreihe

Mehrfachsprünge zur Festigung des einbeinigen Absprungs
Hopserläufe, Sprungläufe und Steigesprünge

Absprünge in die Weitsprunggrube
Hopserläufe (links und rechts akzentuiert)
Steigesprünge aus kurzem Anlauf

Erarbeitung der Flugphase
Steige- und Schrittsprünge mit Landevariationen

Erarbeitung der Landephase
Schrittweitsprünge mit „langem Halten" der Absprungbewegung und späte Sprungbeinvorführung

Verbesserung des Anlaufs
Geschwindigkeitssteigerung und Anlaufpräzision
Allmähliche Anlaufverlängerung

Mehrfachsprünge zur Festigung des einbeinigen Absprungs

Hopserläufe zur Schulung des Absprungverhaltens

Hopserläufe zählen zu den zentralen Übungselementen der Vorbereitung auf den Absprung. Geschult werden der Fußaufsatz, die Schwungbeinführung, die Gegenarmbewegung und die Absprungstreckung.

Hopserläufe

- Aus dem Gehen mit langsamen Übergängen.
- Fixierte Arme. (Seithalte, Hochhalte oder Vorhalte).
- „Flüssige" Bewegungsabfolge mit Akzentuierung der Teilelemente: Fußaufsatz, Gegenarmbewegung und Schwungbein.
- Über kleine, flache Hindernisse. Kontinuierliche Vergrößerung der Hindernisabstände.
- Steigesprung-Hopserläufe links oder rechts akzentuiert: Jeder 2. Absprung in die Weite!

Steigesprungreihen zur Schulung des Absprungs aus dem Anlauf

- Steigesprünge aus dem kurzen Kniehebelauf (3 – 5 Schritte) mit Sprung- und Schwungbeinlandung.

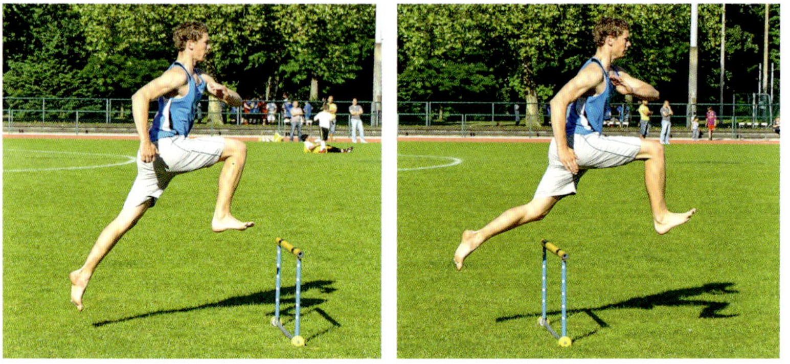

Abb. 20: Steigesprung über kleine Hürden

Steigesprünge über kleine Hürden

- 3 bis 5 hintereinander gereihte Steigesprünge über kleine Hindernisse (z. B. Schaumstoffblöcke, Pappkartons, s. Abb. 20)
  - in Abständen von 3 bis 5 m im 1-Schritt-Rhythmus (zwischen den Steigesprüngen erfolgt ein Laufschritt!)
  - in Abständen von 6 bis 8 m im 3-Schritt-Rhythmus (zwischen den Steigesprüngen erfolgen drei Laufschritte!)
  - Abstand und Höhe der Hindernisse allmählich vergrößern sowie beim letzten kurzen Schritt auf den aktiven Fußaufsatz, die Absprungstreckung und den Schwungbeineinsatz achten!

Absprünge in die Weitsprunggrube

Zur Absprungschulung eignen sich zunächst kurze und mittlere Anlauflängen (Geringe Anlaufgeschwindigkeit!). Anschließend kann der Absprung aus größerer Anlaufgeschwindigkeit erfolgen.

Hopserläufe und Steigesprünge in die Weitsprunggrube

- ***Hopserläufe links und rechts akzentuiert.*** Mit dem letzten Sprung in der Weitsprunggrube landen.
- ***Steigesprungreihen über kleine Hindernisse.*** Mit dem letzten Sprung auf dem Schwungbein in der Weitsprunggrube landen (3- und 5-Schritt-Rhythmus).
- ***Steigesprünge (Take-offs).*** Aus kurzem Anlauf mit verschiedenen Varianten in der Weitsprunggrube landen.
  - Über kleine Hindernisse. Vorgabe der Sprunghöhe oder Sprungweite
  - Aus Skippings unter Beibehaltung der großen Bewegungsgeschwindigkeit und der letzten kurzen Anlaufschritte
  - *Telemark-Landung*. Schulung der Schwungbeinführung (3–5 Auftaktschritte!)

Im Rahmen der *Steigesprünge* muss der Athlet den letzten kurzen Schritt beachten: Aktiver Schwungbeineinsatz bis in die Waagerechte, Sprungbein zeigt zur Absprungstelle und „Einfrieren" der Absprunghaltung! Die Sprungserien schließen generell mit der Landung in der Weitsprunggrube oder auf der Weichbodenmatte ab. Die *Anlaufgeschwindigkeit* wird durch die Anzahl der Anlaufschritte kontrolliert. Weniger als fünf Anlaufschritte erscheinen nicht sinnvoll, da aufgrund der geringen Anlaufgeschwindigkeit die Bewegungsausführung deutlich erschwert wird.

Erarbeitung der Flugphase

Erarbeitung der Flugphase

Die Steigesprünge erfolgen aus dem 6- bis 8-Schritt-Anlauf und der Absprung aus der Absprungzone (z. B. Markierungen, Fahrradreifen).

- Akzentuierte Einfrierung der Absprunghaltung und der Schwungbeinlandung oder Sprungbeinlandung (Langes Halten der Absprungfigur!, s. Abb. 21) oder Telemark-Landung.
- Über in der Weitsprunggrube aufgestellte kleine Hindernisse springen (z. B. Schaumstoffblöcke, Trainingspylonen) mit anschließender beidbeiniger Landung (Entfernung der Hindernisse zur Absprungzone: ⅔ der individuellen Sprungweite!).

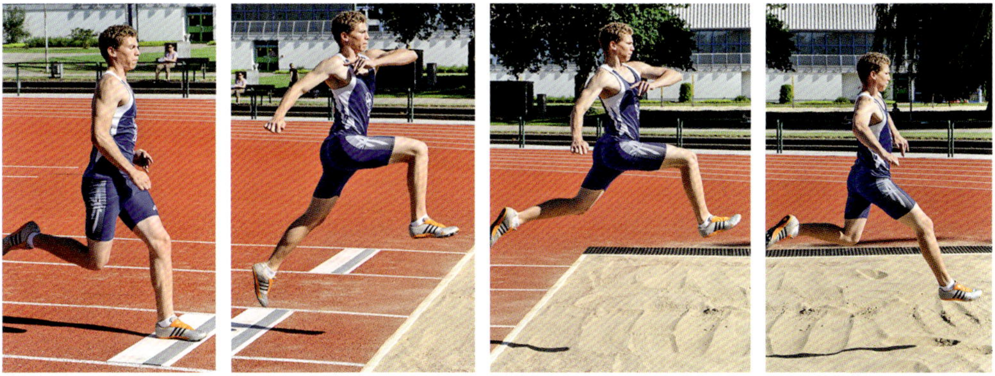

Abb. 21: Steigesprung mit Landung auf dem Schwungbein

Erhöhte Absprunghilfen eignen sich für die *Flugzeitverlängerung* nur bedingt, da die Absprungdynamik verfälscht wird (s. Exkurs „Erhöhte Absprunghilfen"). Zwecks Festlegung des „Sprungbeins" springen die Anfänger vergleichend mit dem „starken" und „schwachen" Bein.

Der Steigesprung kann derart in den Schrittweitsprung überführt werden, indem am Ende der Flugphase das Sprungbein zum Schwungbein nach vorn geführt und die Landung mit im Kniegelenk gestreckten Beinen nach vorn realisiert wird.

Exkurs **„Erhöhte Absprunghilfen"**

In der Trainingspraxis werden zur Verlängerung der Flugzeit vielfach erhöhte Absprunghilfen eingesetzt (z. B. hoher Längskasten). Dieses methodische Vorgehen gilt als problematisch, da die erhöhte Absprunghilfe die Absprungdynamik verfälscht. Das Absprungbein kann nicht im Kniegelenk gestreckt, sondern nur gebeugt aufgesetzt werden. Dies bedingt die veränderte reaktive Kraftwirkung, indem der Anfänger die Sprungmuskulatur „langsam und tief" und nicht „schnell und hoch" amortisiert. Die Verlängerung des Absprungwegs führt zur Verringerung der Anlaufgeschwindigkeit. Der Einsatz erhöhter Absprunghilfen zu Beginn des Lernprozesses lässt sich nur dann rechtfertigen, wenn

Exkurs

Erhöhte Absprunghilfen

- die Anfänger über eine gering ausgeprägte Sprungkraftfähigkeit verfügen.
- der Anlauf nicht länger als 6 bis 8 Schritte umfasst.
- die Höhe der Absprunghilfe maximal 30 cm beträgt.
- die Absprunghilfe nicht federt.
- die Absprunghilfe nur zeitlich begrenzt verwendet wird.

Angemessener erscheint es, den Absprung durch vorbereitende Übungen wie Sprungläufe, Hopserläufe oder Steigesprünge mit aktiv greifender Schwungbeinaktivität, aufrechter Oberkörperhaltung und vollständiger Beinstreckung des Absprungbeins zu schulen (Haberkorn & Plaß, 1992; Kruber, 1998; Fleischmann, 2004a).

Erarbeitung der Landephase

Schrittweitsprünge aus dem kurzen und mittleren Anlauf über Markierungen mit „langem Halten" der Absprungbewegung und verzögerter Vorführung des Sprungbeins dienen der Verbesserung der Landung (s. Abb. 22). Den Zeitpunkt der Vorführung des Sprungbeins kennzeichnen optische Orientierungshilfen (s. Abb. 23). Standweitsprünge mit dem Fokus auf die parallele, beidbeinige Landung eignen sich zur Vermeidung der „versetzten" Beine während der Landung.

Erarbeitung der Landephase

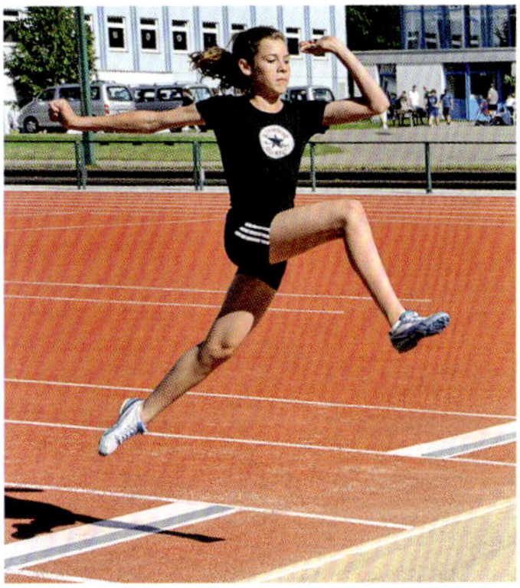

Abb. 22: Langes Halten der Absprungbewegung

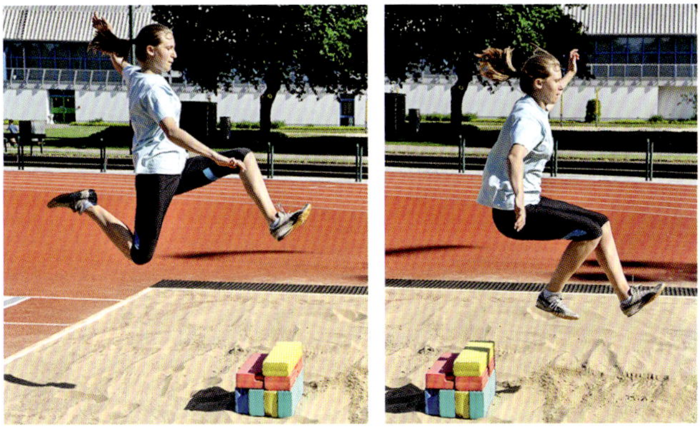

Abb. 23: Optische Orientierungshilfen kennzeichnen den Zeitpunkt der Sprungbeinvorführung

Verbesserung des Anlaufs

Anlaufübungen sollten generell mit angedeuteten Absprüngen oder Steigesprüngen abgeschlossen werden, um gleiche Schrittlängen zu schulen. Im Mittelpunkt des Übungsprozesses steht zunächst die Vermittlung des technisch korrekten Anlaufrhythmus und anschließend der Anlaufgenauigkeit. Der Absprung erfolgt in Abhängigkeit vom Alter und Leistungsniveau der Anfänger aus der Absprungzone oder vom Absprungbalken.

- Beim Anlauf mit demselben Bein auf die Absprungvorbereitung (Kein Geschwindigkeitsverlust!) und den Rhythmus „kurz-lang-kurz" achten.

Anlaufübungen

- Die Anlauflänge allmählich durch Steigerungsläufe auf 12 bis 16 Schritte verlängern (25–30 m).
- Die Anlauflänge markieren und vermessen (z. B. Bandmaß, Fußlängen).
- Bei Ungenauigkeiten im Anlauf, die Länge des 1. Schritts kontrollieren.

Zu beachten ist, dass die Festlegung bestimmter Anlauflängen erst dann sinnvoll erscheint, wenn die Kinder und Jugendlichen die gleichmäßige Schrittgestaltung beherrschen (ab 12. Lebensjahr). Bis zu diesem Zeitpunkt wird empfohlen, die Schulung des Weitsprunganlaufs auf das Abspringen aus der Absprungzone und mit verkürztem Anlauf auszurichten.

3.4 Fehler erkennen und Übungsaufgaben entwickeln

Im Rahmen der Entwicklung der Übungsaufgaben steht die Bewegungsvariabilität im Vordergrund, indem die Anfänger mit einer großen Anzahl unterschiedlicher Bewegungsaufgaben konfrontiert werden (z. B. Kontrastübungen, individuelle Anlauflänge erkunden, gleichzeitig große Anlaufschnelligkeit und Anlaufgenauigkeit erreichen). Den Aneignungsprozess unterstützen einerseits das gruppen- oder partnerbezogene Erproben und Experimentieren; andererseits sollten Lehrer eindeutige Bewegungsanweisungen sowie Rückmeldungen geben.

Beobachten und Korrigieren

Die Beobachtung und die Korrektur des Weitsprungs zentrieren sich auf die technikrelevanten idealtypischen Bewegungsphasen sowie die Knotenpunkte der Bewegungsausführung. Von zentraler Bedeutung ist das selektive Sehen, d. h. die Aufmerksamkeitslenkung auf die Schlüsselsequenzen des Weitsprungs („Was ist wichtig?"). Zudem erscheinen fehlerzentrierte Beobachtungen („Was ist falsch?") und akustische Informationen sinnvoll (Bewegungsrhythmus). Im Rahmen der *Wahl der Beobachtungsstandorte* müssen beim Weitsprung folgende Aspekte beachtet werden (Hommel & Killing, 2007).

Selektives Sehen

Knotenpunkte erfassen

- Im rechten Winkel zum Absprungbalken stehen.
- Alternativ ist die Ansicht von vorn zu wählen. Hierdurch können die Arm- und Knieführung in seitlicher Richtung, der Hüft- und Schulterwinkel, die seitlichen Abweichungen hinsichtlich der Anlaufschritte und die seitliche Neigung im Absprung und Fußaufsatz kontrolliert werden.
- Hinreichenden Abstand zum Weitspringer einnehmen, damit die Gesamtbewegung erfasst werden kann (Abstand: 6–8 m).

Beobachtungsstandorte

Übungsaufgaben zur Verbesserung des Anlaufs und Absprungs

Schwerpunkt Anlauf-Absprung-komplex

Bei Anfängern rufen die *Instabilität der Schrittlänge* und die *unrhythmische Geschwindigkeitsgestaltung des Anlaufs* unmittelbar vor der Absprungzone oder dem Absprungbalken das sogenannte „Dribbeln" hervor. Dies bedingt das „Ziehen" der letzten Schritte vor dem Absprungbalken, so dass der letzte Schritt zu lang ausgeführt wird (stemmender Absprung, zu lange Absprungdauer). Insgesamt erschweren derartige Fehler die Kontrolle der Anlaufgeschwindigkeit und die Präzision des Anlaufs sowie des Absprungs. In diesen Fällen können *rhythmische Temposteigerungsläufe mit Absprungimitationen* hilfreich sein (Gleichmäßig anlaufen und allmählich steigern!).

Zwischenmarken setzen!

Neben der Korrektur der Anlauflänge (Ablaufmarke) kann der Sportler ebenfalls *Zwischenmarken* verwenden, die mit dem Absprungbein „getroffen" werden müssen. Diese Übungen eignen sich ebenso dann, wenn während des Anlaufs die Maximalgeschwindigkeit frühzeitig erreicht wird, der Geschwindigkeitsverlust im Verlauf der letzten Anlaufschritte „droht" oder aufgrund der mangelnden Geschwindigkeitssteigerung das maximale Bewegungstempo am Absprungbalken nicht erreicht wird. Bei der Verwendung von Zwischenmarkierungen in der Nähe des Absprungbalkens muss beachtet werden, dass die Weitspringer den Blick nicht nach unten richten und den Schrittrhythmus verändern. Das „Treffen" der Zwischenmarke sollte ausschließlich vom Trainer kontrolliert und zurückgemeldet werden.

Korrekturen nicht ausschließlich auf das Treffen des Absprungbalkens beschränken

Die aufgezeigten Fehlerbilder hinsichtlich der Anlaufgeschwindigkeit können ebenso in der *zu kurzen* oder *zu langen Anlauflänge* begründet liegen. Anstatt die Bewegungskorrekturen auf das Treffen des Absprungbalkens zu beschränken (Anlauf entsprechend verlängern oder verkürzen!), sollte der Trainer und der Lehrer die effektive Gestaltung des Anlauf-Absprung-Komplexes berücksichtigen (Gleichmäßig gesteigerter Anlauf, deutlich sichtbarer Einsatz des Schwungbeins!).

Schrittgestaltung vor dem Absprung

Besondere Schwierigkeiten bereitet Anfängern die *Schrittgestaltung unmittelbar vor dem Absprung*. Zu große oder zu kleine Schritte führen zur auffälligen Abnahme der Laufgeschwindigkeit. Abhilfe schaffen Sprünge aus dem mittleren Anlauf mit Akzentuierung der letzten Schritte und geringer Absenkung des Körperschwerpunkts (Schrittgestaltung: Kurz-lang-kurz). Darüber hinaus können die Athleten druckvoll durch die Übungsbahn aus Gymnastikreifen sprinten und von der Absprungzone über Hindernisse nach „vorn-oben" in die Weitsprunggrube springen (s. Abb. 24).

Passiver Fußaufsatz des Sprungbeins ...

Weitere Bewegungsprobleme betreffen den passiven Fußaufsatz des Sprungbeins, die Körperrücklage mit Stemmen über die Ferse und den „stechenden" Aufsatz des Fußballens entgegen der Bewegungsrichtung. Als methodische Maßnahmen eignen sich Imitationsübungen im Stand, aus dem Gehen oder dem sogenannten „Andribbeln".

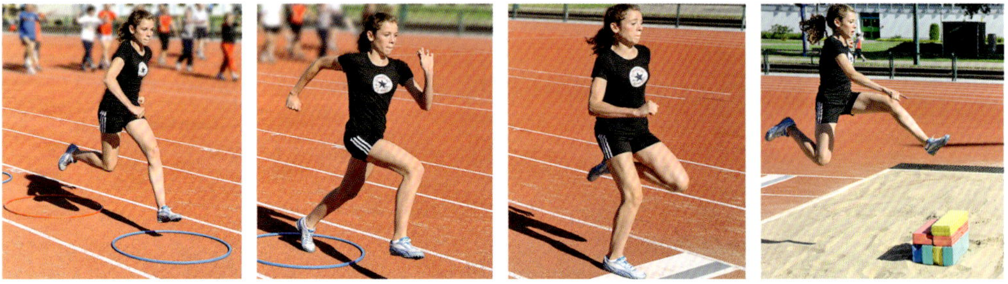

Abb. 24: Durch die Reifenbahn anlaufen und über ein Hindernis springen

Übermäßige Beugung der Sprungbeingelenke

Wenn die *übermäßige Beugung der Sprungbeingelenke* zu einem *flüchtigen Absprung* führt, da das Absprungbein nicht hinreichend im Kniegelenk gestreckt wird und der „Hüftknick" entsteht, dann können Hopserläufe und Steigesprünge über kleine Hindernisse oder Höhenorientierer hilfreich sein. Beispielsweise hält der Lehrer einen Schaumstoffblock in entsprechender Höhe, welcher der Sportler mit dem Schwungbeinknie berühren soll.

Orientierungspunkte im Raum als „Blickfang"

Bei Anfängern kann vor dem Absprungbalken aufgrund der *Konzentration auf den „intensiven" Absprung* (Blick auf den Absprungbalken) vielfach die technisch nicht korrekte Oberkörperrücklage mit zeitgleicher Geschwindigkeitsabnahme beobachtet werden. Als Gegenmaßnahme erprobt der Sportler den aktiven Absprung aus dem verkürzten Anlauf mit akzentuiertem Fußballenlauf (Letzten kurzen Schritt beachten!). Auch können Orientierungspunkte im Umfeld als „Blickfang" genutzt werden (z. B. Stab am Ende der Weitsprunggrube).

Die *ausgeprägte gedankliche Vorausnahme der Flugbewegung* führt einerseits zum flüchtigen Absprung, andererseits wird der Einsatz der Schwungelemente nur angedeutet. Dem flachen Absprung kann durch die Aufmerksamkeitslenkung auf den bewussten Absprung mit anschließendem „Einfrieren der Absprunggestalt" der Schwungelemente entgegengewirkt werden.

Übungsaufgaben zur Verbesserung der Flugphase und Landephase

Schritthaltung in der Flugphase bewusst einnehmen

Wenn der Anfänger bei der *Schritttechnik* zu Beginn der Flugphase die Schrittbewegung nicht oder nur zeitweise realisiert, dann „fallen" die Beine nach unten und der Sportler drückt die Hüfte nach vorn. Dem ist zu begegnen, indem der Anfänger vermehrt Steigesprünge mit akzentuiertem Schwungbeineinsatz aus dem verkürzten Anlauf erprobt.

Hocktechnik

Wenn im Rahmen der *Hocktechnik* direkt nach dem Absprung das *Anhocken der Beine* erfolgt, dann führt dies in der Flugphase zu Gleichgewichtsproblemen und zum Abbruch der Flugkurve, da der Sportler den Winkel zwischen Oberkörper und Beinen frühzeitig öffnet. Hierdurch fällt der Athlet nach vorn und setzt die Füße frühzeitig auf.

Keine Angst vor Zurückfallen während der Landung

Abhilfe schaffen Sprünge mit kurzem oder mittlerem Anlauf von erhöhten Absprunghilfen *(s. Exkurs „Erhöhte Absprunghilfen")* mit Landung im Sitzen. Der Hinweis, die Füße während der Landung anzuheben und die Unterschenkel nach vorn zu „schleudern", können Anfänger mehrheitlich nicht umsetzen. Beidbeinige Sprünge aus dem Stand in die Weitsprunggrube oder auf die Weichbodenmatte schulen die beidbeinige Landung (s. Abb. 25). An dieser Stelle gilt es, die Angst vor dem „Hinsetzen" oder „Zurückfallen" abzubauen.

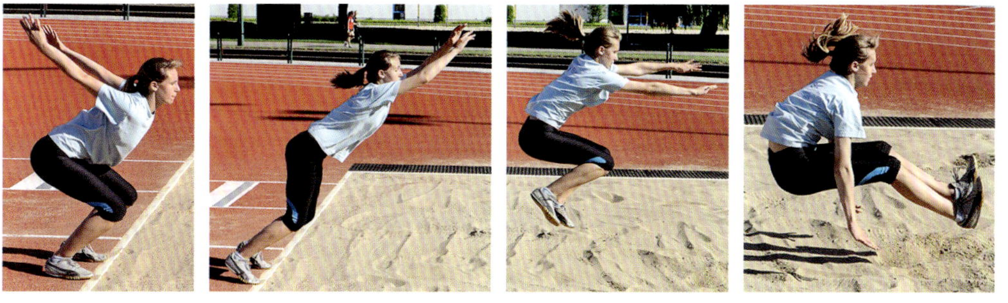

Abb. 25: Standweitsprung in die Grube

Wenn die *Flugbahn einen zu flachen Verlauf* zeigt und der Anfänger während der Landung über die Beine nach vorn „hebelt", dann liegt dies im fehlerhaften Absprung begründet. In diesem Fall muss sich der Sportler auf den Absprung konzentrieren.

Flug- und Landeorientierungen

Gerätehilfen für die Flugorientierung – wie Sprünge über breite und weiche Hindernisse (z. B. Schaumstoffblöcke) – dienen sowohl der Technikkontrolle als auch der Motivationssteigerung. Schaumstoffblöcke eignen sich ebenfalls als *Landeorientierung*. Zu beachten ist, dass derartige Hilfsmittel nur zeitweise eingesetzt werden dürfen, da die aufrechte Flughaltung frühzeitig aufgegeben und die Landeposition beim Absprung übermäßig antizipiert wird.

Variable Bewegungsaufgaben

Variable Bewegungsaufgaben

Nach dem Konzept des *Differenziellen Lernens* (s. Bd. 1, Kap. 1.3) kann die Stabilisierung der Weitsprungtechnik erreicht werden, indem die Anpassungsfähigkeit an die neue Technik durch variable Bewegungsaufgaben trainiert wird. Beispielsweise lässt sich der Anlauf ohne Armarbeit oder mit Armkreisen vorwärts oder der Absprung mit

Doppelarmschwung und abgesenkter Hüftposition ausführen (Beckmann et. al., 2008; Beckmann, 2009, s. Abb. 26).

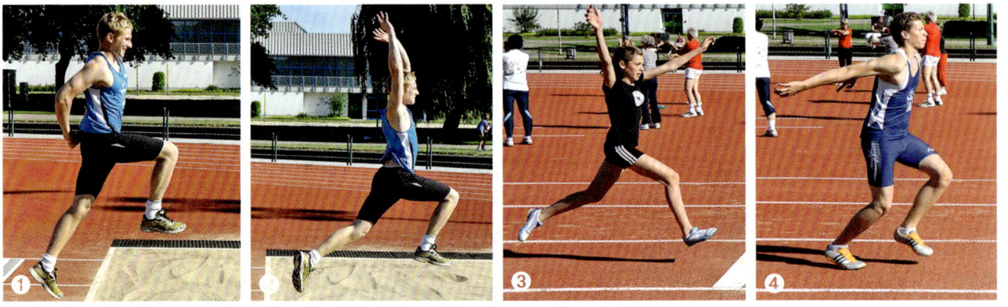

Abb. 26: Unterschiede in der Bewegungsausführung: Arme hinten (1), Arme oben (2), Anlauf mit Armkreisen (3) und mit Doppelarmschwung (4)

Differenzielles Lernen

Die Weiterentwicklung der Übungsaufgaben zum Weitsprung erfolgt aus zwei Blickwinkeln. Zum einen wird die optimale Bewegungsausführung über die Bewegungskorrektur erreicht, indem die nicht austauschbaren strukturellen Technikmerkmale unterstützt werden. Zum anderen erzielen vielfältige Variationen der Bewegungsausführung die hohe Anpassungsfähigkeit an neue sportmotorische Fertigkeiten (s. Kap. 1.2).

3.5 Lernen und Trainieren organisieren

Das Weitsprungtraining beschränkt sich im Allgemeinen auf die Ausbildung der wettkampfnahen Zieltechniken. Zudem berücksichtigen die Bewegungskorrekturen nur das Treffen des Absprungbalkens. Zu den typischen Trainerhinweisen zählen: *Anlauf verkürzen* oder *verlängern*. Wichtiger erscheint jedoch die Übung des Absprungs aus dem verkürzten Anlauf, da der Krafteinsatz am Absprungbalken während der Umsetzung der horizontalen Anlaufgeschwindigkeit in den nach „vorn-oben" gerichteten Absprung stattfindet. Die Forderung lautet: *Mehr Absprünge mit weniger Anlauf!*

Überforderungen

Die Aneignung der Weitsprungtechnik zielt auf die Verbesserung der Bewegungskoordination und die Reduzierung motorischer Überforderungen. Folgende Hinweise erscheinen sinnvoll (Knauer & Mallow, 2005; Knapp, 2008; Schrader, 2010).

Überforderungen vermeiden!

- Vor dem Techniktraining dürfen zur Vermeidung von Überforderungen und Ermüdungserscheinungen keine physisch und psychisch ermüdenden Belastungen stattfinden.
- Erste Hinweise auf Überforderungen: Nicht rhythmische Sprünge, seitliche Verlagerung des Oberkörpers, Einknicken des Sprungbeins während der Landung und auffälliger Geschwindigkeitsverlust.
- Bei auftretenden körperlichen und psychischen Ermüdungserscheinungen die Übungsaufgabe vereinfachen oder beenden.

Mehr Absprung, weniger Anlauf!

- *Pausen* zwischen den Sprungübungen beugen der physischen und psychischen Ermüdung vor. Im Rahmen der Sprünge aus dem verkürzten Anlauf (6–8 Schritte) sollte die Pause 2 bis 3 min und bei längeren Anläufen 4 bis 6 min betragen.
- Einbeinsprünge (Hop-Sprünge) stellen hohe Anforderungen an den Bewegungsapparat, da die Sprunghöhe und die Falltiefe zunehmen sowie größere Haltekräfte erforderlich sind. Als geeignete Alternativen gelten Einbeinwechselsprünge.
- Die Übungen zur Aneignung des Anlauf-Absprung-Komplexes lassen sich aus dem verkürzten Anlauf realisieren.

Absprungzonen

Absprungzonen

- Im Anfängerbereich sollte auf den Absprung vom Absprungbalken verzichtet und bevorzugt Absprungzonen oder individuelle Absprungpunkte verwendet werden, damit das Schnelligkeits- und Sprungpotential optimal genutzt wird.

Ordnungsrahmen und Materialien

Vielfältige Übungsmöglichkeiten

- Große Übungsgruppen vermeiden.
- Die Weitsprunggrube ebenfalls von der Breitseite nutzen (Barfuß vom Rasen abspringen! Nur bei trockener Rasenfläche!).
- Genügend Geräte zur Verfügung stellen (z. B. Pappkartons, Fahrradreifen, elastische Sprungbänder).

Sicherheit

- *Anlaufbahn, Absprungzone* und *Absprungbalken* müssen sich auf gleicher Ebene befinden sowie von Sand, Staub oder Nässe befreit sein (Alte Putzlappen und Besen bereitstellen!).

Sicherheitsaspekte

- *Absprungbalken*. Stabil, rutschfest und mängelfrei.
- In der Weitsprunggrube dürfen sich keine Gegenstände befinden (z. B. Steine, Glasscherben, Hunde- oder Katzenkot).

- Den *Landebereich in der Weitsprunggrube* vor dem Springen auflockern und nach jedem Sprung ausgleichen.
- Die für den Weitsprung benötigten Arbeitsgeräte außerhalb der Weitsprunggrube „sicher" ablegen (z. B. Sandschaufel, Rechen, Besen).
- Weitsprunggrube nach vorn oder zur Seite verlassen.
- Vorsicht bei der Landung auf Weichbodenmatten (Verletzungsgefahr!). Nur aus kurzen Anläufen (5–7 Schritte) mit geringer Anlaufgeschwindigkeit springen.

Technik

Technische Ausführung

- Die *Anfängerausbildung* sollte sich auf den Anlauf-Absprung-Komplex fokussieren. Die Flugphase und die Landung sind zu Beginn des Aneignungsprozesses nebensächlich.
- Die *Absprungphase* zeichnet sich durch das geringe Nachgeben im Kniegelenk, die vollständige Absprungstreckung mit hohem Körperschwerpunkt und den aktiven Einsatz der Schwungelemente aus.
- In der *Flugphase* führt der Weitspringer die Schritthaltung mit deutlich aufrechtem Oberkörper und Schwungbein in der Waagerechten aus. Das Sprungbein verbleibt über eine längere Zeitspanne hinter dem Oberkörper.
- Unabhängig von der Sprungtechnik sollte die Flugphase auf die optimale Landung ohne Weitenverlust vorbereiten. Die 1. Landestelle der Füße sollte weit vor der Projektionslinie des Körperschwerpunkts liegen.

Methodik

- Für die Anfängerausbildung wird generell empfohlen, von der Breitseite in die Weitsprunggrube zu springen, so dass mehrere Sportler gleichzeitig springen können.
- Barfußsprünge dienen der Kräftigung der Fußmuskulatur und der Steigerung des Sprunggefühls.
- Das Üben an der Weitsprunggrube sollte spielerische und koordinative Aspekte berücksichtigen, indem rhythmisch über kleine Hindernisse (Pappkartons, Gräben) und in Ziele gesprungen wird (z. B. Gymnastikreifen). Erhöhte Absprunghilfen verlängern die Flugphase und das Flugerlebnis (Beachte Exkurs! „Erhöhte Absprunghilfen", s. Kap. 3.3).
- Im Anfängerbereich beidseitige Sprungübungen favorisieren!

- In der Kinderleichtathletik die kindgemäße Sprungtechnik durch den Einsatz unterschiedlicher Hilfsmittel und Aufgabenstellungen schulen!

3.6 Wettkämpfe

Pädagogisch orientierte Wettkampfformen

Die nachfolgend exemplarisch skizzierten *pädagogisch orientierten Wettkampfformen* dienen der allmählichen Hinführung der Anfänger zur normierten leichtathletischen Wettkampfform des *Weitsprungs*.

Pädagogisch orientierte Wettkampfformen

Vielseitigkeitsweitsprung. Bewertet wird die Gesamtweite der Weitsprünge mit dem rechten und linken Bein. Variationen: Weitsprünge mit 5- oder 11-Schritt-Anlauf oder Wettkampfanlauf.

Differenzspringen. Die Sportler erzielen beim Weitsprung geringe Differenzen zwischen dem „starken" und „schwachen" Bein. Die Wertung erfolgt nach der Feststellung der Sprungleistung mit dem „starken" Bein!

Technik-Meister. Gewertet wird die Summe der Weitsprungleistungen mit zwei unterschiedlichen Weitsprungtechniken.

DLV Wettkampfsystem Kinderleichtathletik

Das *Weitspringen* zählt zu den zentralen Inhalten des offiziellen *DLV Wettkampfsystems Kinderleichtathletik* (DLV, 2018; 2020).

DLV Wettkampfsystem Kinderleichtathletik

- In der Altersklasse U 8 (6–7 Jahre) wird der *Zielweitsprung* bewertet. Nach begrenztem Anlauf springen die Kinder einbeinig ab und landen beidbeinig in der Zielzone.
- In der Altersklasse U 10 (8–9 Jahre) wird im Rahmen der *Weitsprung-Staffel* nach kurzem Anlauf über einen Absprungorientierer so weit wie möglich gesprungen. Die Staffelmitglieder dürfen erst dann mit dem Anlauf beginnen, wenn der Vorspringer nach der Landung den neben der Weitsprunggrube markierten Bereich mit beiden Füßen berührt (z. B. Fahrradreifen).
- In der Altersklasse U 12 (10–11 Jahre) wird der *Zonen-Weitsprung* gefordert. Die Sportler springen aus begrenztem Anlauf vor der Markierung ab und landen möglichst weit in der Weitsprunggrube (25-cm-Zonen).

In den drei Altersklassen U 8 bis U 12 werden die Weitenpunkte als Team gesammelt und die Teamwertungen in die Rangfolge gesetzt. In der Altersklasse U 12 sind Einzelwertungen möglich (DLV, 2018; 2020).

Wettkampfbestimmungen

Weitsprunganlage

Die Weitsprunganlage besteht aus der mindestens 40 m langen geraden Anlaufbahn, dem bündig in die Anlaufbahn verankerten Absprungbalken oder der Absprunglinie (Breite: mindestens 20 cm) und der mit Sand gefüllten Weitsprunggrube (Breite: mindestens 3 m). Die Absprungzone (Breite: 80 cm) kann um den Absprungbalken eingezeichnet werden (s. Abb. 27).

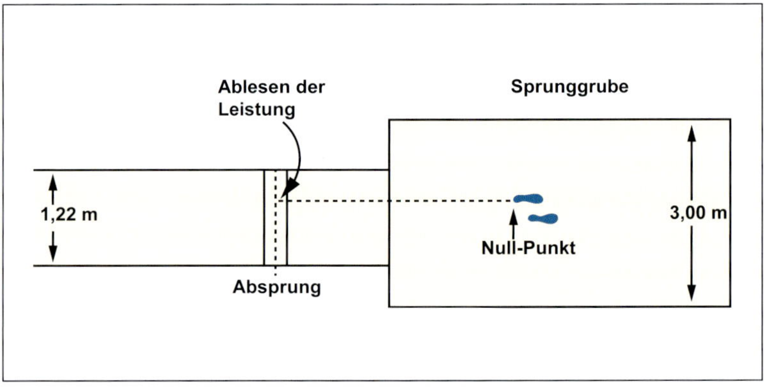

Aufsicht Weitsprunganlage

Abb. 27: Weitsprunganlage (Aufsicht, mod. nach Haberkorn & Plaß, 1992, S. 54)

Messen der Leistung

Die Messung der Weitsprungweite erfolgt von der Absprungline rechtwinkelig zum letzten Abdruck des Weitspringers in der Weitsprunggrube. Das Bandmaß wird am hinteren Eindruck der Landestelle am Markierungsstecher angelegt (Nullpunkt befindet sich in der Weitsprunggrube!) und rechtwinkelig über die Absprunglinie geführt (s. Abb. 27).

Die Weitsprungleistung wird an der Absprunglinie (zur Weitsprunggrube zeigenden Kante des Absprungbalkens) in ganzen Zentimetern abgelesen. Die Absprunglinie muss bei der Landung seitlich der Verlängerung der Anlaufbahn verlängert werden. Bei Sprüngen aus der

Absprungzone wird die Weitsprungweite an der Absprungstelle abgelesen (Fußspitze, s. Abb. 28).

Messen der Leistung

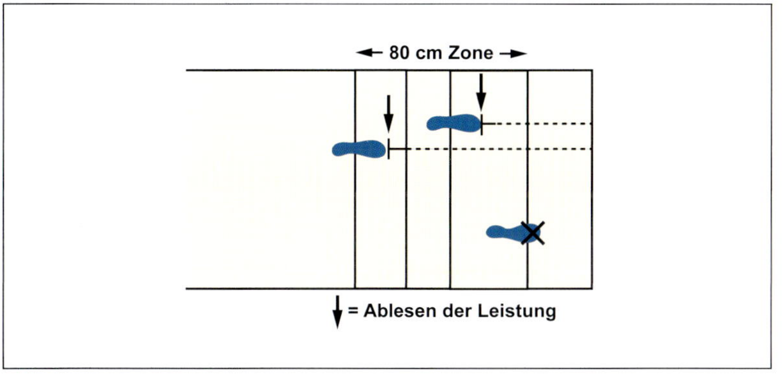

Abb. 28: Messvorgang aus der Absprungzone (mod. nach Haberkorn & Plaß, 1992, S. 54)

Ungültige Versuche

- Wenn der Weitspringer beim Sprungvorgang oder „Durchlaufen" ohne Absprung mit einem Teil des Sprungfußes (Sprungschuhs) die senkrechte Fläche über der Absprunglinie „durchbricht".
- Wenn die Weitsprunggrube nach hinten in Richtung der Anlaufbahn oder seitlich hinter der Landestelle verlassen wird.
- Wenn der Rand der Weitsprunggrube während der Landung berührt wird und die Berührungsstelle hinter der Landestelle liegt.

3.7 Leseempfehlungen

Lese-empfehlungen

Empfehlenswerte methodische Wege und anschauliche Praxisbeispiele zur Aneignung des Weitspringens mittels zielgerichteter, vielseitiger Spiel- sowie Übungsformen finden sich in der Zeitschrift *Leichtathletiktraining* bei Klimmer und Wujak (1994), Fleischmann (2004a), Knauer und Mallow (2005), Knapp (2008), Schrader (2010), Knapp und Rudziok (2012) sowie Gustedt (2016, 2019). Dem am Schulsport interessierten Leser empfehlen die Autoren die Artikel zur Unterrichtsgestaltung des Weitspringens von Haupt (2017a, b), Schwender (2012) und Schröter (2013) in der Zeitschrift *Sportunterricht*.

Kapitel

4

Dreispringen

Das technisch anspruchsvolle *Dreispringen* eignet sich im besonderen Maße für koordinativ vielseitig begabte Sportler, die für beide untere Extremitäten über ein gleichermaßen gut ausgeprägtes Sprunggefühl verfügen. Mit dem leichtathletischen *Dreisprung* werden dann große Weitsprungweiten erzielt, wenn während der drei Teilsprünge die Horizontalgeschwindigkeit nur minimal abnimmt und die Gesamtweite mit drei annähernd gleich weiten Teilsprüngen erzielt wird. In der Kinder- und Jugendleichtathletik stellt die *Allgemeine Sprungschule* und die *Spezielle Sprungschule* die Grundlage für die Aneignung des Dreisprungs dar (Schwerpunkt: Mehrfachsprünge, s. Kap. 2.1), die adressatenorientierte Trainingsinhalte und spielerische Übungsformen für die koordinative sowie konditionelle Vorbereitung der Heranwachsenden auf den Dreisprung bereitstellen.

Herausforderung und Grundlagen

Mehrfachsprünge

Der *Dreisprung* findet in der Kinder- und Jugendleichtathletik bislang wenig Beachtung. Die Hauptgründe betreffen die vielfach diskutierte Überbeanspruchung des Bewegungsapparats und die potentielle Verletzungsgefahr, da bei zahlreichen Heranwachsenden die konditionellen und koordinativen Fähigkeiten defizitär ausgeprägt sind. Dieser Vorbehalt muss jedoch mit Blick auf die neuartige, moderne Methodikausbildung der Leichtathletik korrigiert werden, welche die *Flachsprungtechnik* und die frühzeitige Entwicklung der Sprungkraftfähigkeit sowie der Grundmuster der Mehrfachsprünge im Rahmen der *Speziellen Sprint- und Sprungschule* favorisiert (s. Kap. 2.1 u. 2.2).

Fachgerechte Vermittlung beugt Fehlbeanspruchungen vor

4.1 Voraussetzungen schaffen

Für den *Anfängerbereich* steht – vergleichbar zur leichtathletischen Disziplin Weitsprung (s. Kap. 3.1) – zunächst das „Springen lernen" im Vordergrund. Der leichtathletische Dreisprung wird mit Hilfe horizontaler Mehrfachsprünge vorbereitet, indem die Anfänger *vor, neben und an der Weitsprunggrube* vielfältige Sprungerfahrungen sammeln. Besonders geeignet erscheinen die Übungsformen der *Allgemeinen* und *Speziellen Sprint- sowie Sprungschule* (*Sprint- u. Sprung-ABC*, s. Kap. 2.1 u. 2.2) beispielsweise einbeinige Hopserläufe, Sprungläufe, Hop-Sprünge oder Rhythmussprünge. Zur Vermeidung körperlicher Überbeanspruchungen empfehlen sich

Sprungschule als unentbehrliche Voraussetzung

- Sprünge aus dem Stand oder dem kurzen Anlauf.
- Absprünge auf gelenkschonenden Untergründen (z. B. ebene Rasenflächen, Übungsbahn aus Gerätturnmatten).

- Frühzeitige Schulung der gelenkschonenden Sprungtechnik (Aktiv greifender Fußaufsatz, keine Stemmbewegung, kurze Absprungzeiten!).
- Verbesserung der Koordination des Anlauf-Absprung-Komplexes und des Lande-Absprung-Komplexes durch allmähliche Steigerung der Laufgeschwindigkeit (Anlaufverlängerung).

Grundlegende Bewegungserfahrung

Unter Berücksichtigung dieser Empfehlungen kann der leichtathletische Dreisprung gefahrlos zur Entwicklung der Sprungkraftfähigkeit, der beidseitigen symmetrischen Beanspruchung des Bewegungsapparats und der vielseitigen Sprungausbildung beitragen. Von besonderer Bedeutung für andere leichtathletische Disziplinen ist die durch Mehrfachsprünge auszubildende reaktive *Lande-Absprung-Technik*. Darüber hinaus kann die Disziplin *Dreisprung* aufgrund des hohen Aufforderungscharakters das leichtathletische Standardprogramm maßgeblich bereichern. Kindgerechte Erfahrungen mit Mehrfachsprüngen und Dreisprüngen vermitteln die abwechslungsreichen spielerischen Sprungübungen der *Allgemeinen Sprungschule* mit dem Ziel, die Sprunggewandtheit, die beidseitige koordinative Ausbildung und den aktiv greifenden Fußaufsatz zu fördern (s. Kap. 2.1 u. 2.3).

4.2 Grundlegende Technikmerkmale erkennen

Technik Flachsprung

Der Sportler muss beim Dreisprung aus dem *schnellen Anlauf* mit drei aufeinanderfolgenden Einzelsprüngen die größtmögliche Weite erzielen. In der leichtathletischen Fachpraxis herrscht Einigkeit darüber, dass sich die *Flachsprungtechnik* zur Lösung dieser Bewegungsaufgabe am besten eignet. Der 1. und 2. Teilsprung werden aus dem schnellen Anlauf flach sowie mit geringem Geschwindigkeitsverlust realisiert und der abschließende 3. Teilsprung mit deutlich steilerem Abflugwinkel. Im Einzelnen gliedert sich der Dreisprung in den Anlauf, die drei Teilsprünge mit jeweiliger Flugphase und die Landung.

Anlaufphase

Anlauf

Beim Dreisprung unterscheidet sich der Anlauf von dem des Weitsprungs dadurch, dass vor dem Absprungbalken kein Rhythmuswechsel mit Absenkung des Körperschwerpunkts stattfindet. Stattdessen erfolgt der Steigerungslauf mit deutlicher Zunahme der Anlaufgeschwindigkeit und der Schrittfrequenz, so dass für den 1. Teilsprung eine große Horizontalgeschwindigkeit ermöglicht wird.

Absprungphasen und Flugphasen

Absprung

Die drei Teilsprünge des Dreisprungs erfolgen nacheinander. Die disziplinspezifische Sprungabfolge der Beine ist nach den leichtathletischen Wettkampfbestimmungen derart festgelegt, dass der 1. und 2. Teilsprung mit demselben Bein realisiert werden muss („re-re-li" oder „li-li-re").

1. Teilsprung (Hop)

1. Teilsprung (Hop)

Der Fußaufsatz des 1. Teilsprungs (Hop) erfolgt mit nahezu im Kniegelenk gestrecktem Bein aktiv greifend und „flach" auf der Fußsohle. Die Amortisationsbeugung im Kniegelenk des Absprungbeins ist mit aufrechter Oberkörperhaltung gering. Das im Kniegelenk gebeugte Schwungbein und der gegengleiche Armeinsatz unterstützen den Absprung. Vom Doppelarm-Einsatz wird allgemein abgeraten, da hierdurch die Horizontalgeschwindigkeit vor dem Absprung reduziert wird. Das Schwungbein wird spitzwinklig im Kniegelenk gebeugt, als kurzes Pendel schnell nach vorn in die Waagerechte geführt und für kurze Zeit fixiert, während der Unterschenkel weiter „vorläuft" (s. Abb. 29). Im Verlauf des nachfolgenden Beinwechsels schwingt das im Kniegelenk nahezu gestreckte Schwungbein als langes Pendel zurück, während das Sprungbein als kurzes Pendel (Spitzwinklig im Kniegelenk gebeugt!) nach vorn in die hohe Ausholposition geführt wird (Aufrechte Oberkörperhaltung!). Während der Flugphase kann der Dreispringer den Armeinsatz gegengleich oder vorwärts kreisend ausführen.

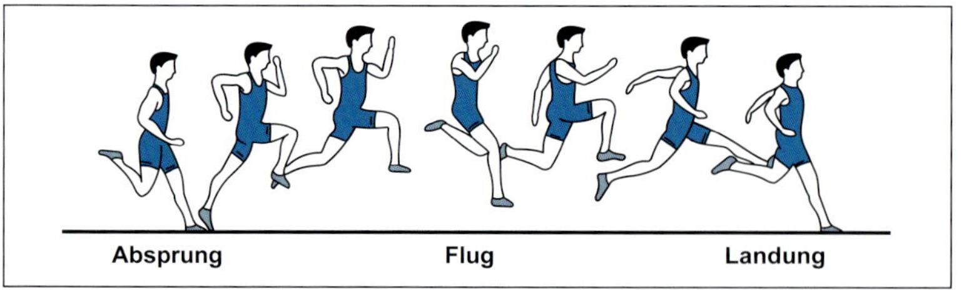

Abb. 29: 1. Teilsprung (Hop)

2. Teilsprung (Step)

2. Teilsprung (Step)

Während des 2. Teilsprungs (Step) wird das Sprungbein im Kniegelenk gestreckt und „rückwärts-abwärts" zur Sprungbahn geführt. Der Fuß des Sprungbeins setzt mit akzentuierter Hüftstreckung flach und aktiv mit kurzzeitiger Bodenberührung der Ferse auf. Nach der Amortisationsphase (Kleiner Kniebeugewinkel!) erfolgt die Absprungstreckung (Anlaufbahn mit gestrecktem Bein nach „hinten-unten weggeschlagen"!). Zeitgleich wird das Schwungbein mit stumpfem Kniegelenkswinkel schnell, kraftvoll bis in die Waagerechte nach vorn geführt und fixiert. Im Idealfall hält der Sportler den Oberschenkel im Absprung in der Waagerechten und während der Flugphase über der Waagerechten. Der Unterschenkel und der Oberschenkel bilden einen rechten Winkel. Der Armeinsatz erfolgt gegengleich. In der Flugphase schwingt das Sprungbein des Step-Sprungs mit gebeugtem Kniegelenk weit nach hinten (s. Abb. 30).

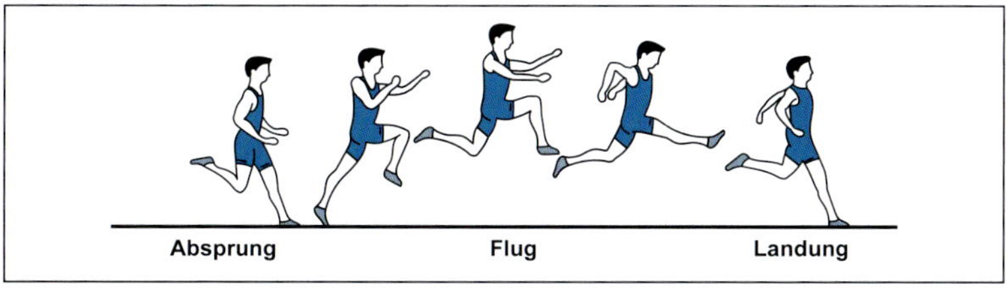

Abb. 30: 2. Teilsprung (Step)

3. Teilsprung (Jump)

3. Teilsprung (Jump)

Der 3. Teilsprung (Jump) wird mit dem bisherigen Schwungbein realisiert. Hierzu führt der Athlet das Schwungbein aus der Flugposition zum Sprungbein und setzt das ehemalige Schwungbein „rückwärts-abwärts" mit akzentuierter Knie- sowie Hüftgelenkstreckung aktiv auf den Boden auf. Das bisherige Sprungbein wird zum „neuen" Schwungbein und als langes Pendel mit rechtwinklig gebeugtem Kniegelenk schnell, kraftvoll nach „vorn-oben" bis in die Waagerechte geführt. Der Armschwung unterstützt die Absprungstreckung. In der Flugphase kann die Hocksprungtechnik oder Schrittsprungtechnik angewendet werden (s. Abb. 31 u. Kap. 3).

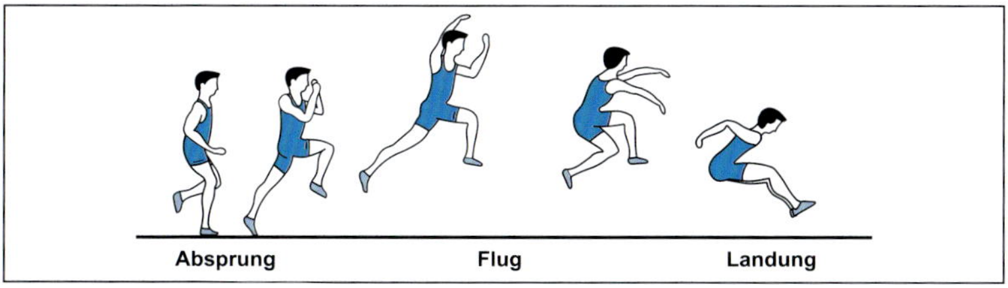

Abb. 31: 3. Teilsprung (Jump)

Landephase

Während der Landephase hebt der Dreispringer die Beine horizontal an und beugt den Oberkörper nach vorn. Die Arme schwingen zeitlich kurz vor der Landung weit nach hinten, damit die Füße gleichzeitig angehoben werden können. Im Verlauf der Bodenberührung schwingen die Arme kraftvoll nach vorn, um das Zurückfallen in die Weitsprunggrube zu vermeiden. Der Oberkörper richtet sich auf, die Kniegelenke beugen sich und das Gesäß „schieb sich“ in den „Landetrichter“ der Füße. Der Dreispringer kann den Körper ebenso zur „Seite werfen“, um das Zurückfallen zu verhindern.

Landung

Zusammenfassend kennzeichnen den leichtathletischen Dreisprung folgende Technikmerkmale.

Merkmale der technisch korrekten Dreisprungtechnik

- „Flüssiger“ kurzer Anlauf und wettkampfgerechte sowie technisch korrekte Sprungabfolge.
- Beim 1. Teilsprung (Hop) flach, aktiv greifend nach vorn abspringen und während des 1. und 2. Teilsprungs (Hop u. Step) die maximale Bewegungsgeschwindigkeit erreichen.
- Prozentuales Weitenverhältnis der drei Teilsprünge: ca. 35:30:35 (1. Teilsprung nicht als kurzer „Mini-Step“!).
- Die Arme steuern maßgeblich die Absprungphase der drei Teilsprünge. Zu Beginn des Aneignungsprozesses kann auf die Festlegung einer speziellen Armführungstechnik verzichtet werden.
- Im *Anfängerbereich* wird aufgrund der geringen Sprungweite zunächst die Hocksprungtechnik bevorzugt.

Damit der Anfänger während des 1. und 2. Teilsprungs (Hop u. Step) die gleiche Rhythmuszeit umsetzen kann, muss der 2. Teilsprung (Step) deutlich akzentuiert werden. Hutt (2010) empfiehlt folgende Anweisungen.

- *1. Teilsprung* (Hop) so schnell wie möglich nach vorn ausführen! („Hop-Sprung gehört zum Anlauf“, Hutt, 2010, S. 25)
- *2. Teilsprung* (Step) so hoch wie möglich realisieren!
- *3. Teilsprung* (Jump) so weit wie möglich abschließen!Dies bedeutet, dass der 1. Teilsprung (Hop) nicht in die Weite und die Höhe ausgerichtet werden sollte. Je höher der 1. Teilsprung, desto größer fällt die Abnahme der horizontalen Geschwindigkeit aus, die sich wiederum negativ auf die beiden Folgesprünge auswirkt.

4.3 Techniken aneignen, variieren und optimieren

Spielerischer Einstieg unter erleichterten Bedingungen

Im Vordergrund der *Allgemeinen Sprungschule* und der *Speziellen Sprungschule* stehen vielfältige spielerische sowie abwechslungsreiche rhythmische Sprungübungen (s. Kap. 2.2) mit den zentralen Zielen der Förderung der Sprunggewandtheit, des aktiv greifenden Fußaufsatzes, der beidbeinigen Sprungschulung und der Ausbildung der koordinativen Fähigkeiten insbesondere der Rhythmisierungsfähigkeit. Mit Blick auf die Reduzierung der körperlichen Beanspruchung eignen sich Sprünge auf weichen Untergründen (z. B. Rasen, Übungsbahn aus Gerätturnmatten) oder geringfügig ansteigenden Waldwegen.

Methodische Leitlinien zur Aneignung der Dreisprungtechnik

Bewegungszergliederung „von der Mitte nach außen"

Vereinfachungsprinzipien

Vergleichbar zum Weitsprung (s. Kap. 3.4) wird der Dreisprung nach der Bedeutung der Teilabschnitte für das Erreichen des Bewegungsziels Weitspringen von der Bewegungsmitte nach außen untergliedert. Vertraut wird den *Vereinfachungsprinzipien der Verkürzung der Bewegungslänge* (Reduzierung der Bewegungskomplexität), der *Veränderung der variablen Bewegungsparameter* (Erleichterung der situativen Bedingungen) und der *Unterstützung der nicht veränderbaren Bewegunsmerkmale* (Unterstützung der Bewegungsorganisation, s. Bd. 1, Kap. 1.3). Den *drei Teilsprüngen* des Dreisprungs kommt als funktional *unabhängige Hauptfunktionsphasen* die zentrale Bedeutung für die Erfüllung des Bewegungsziels *Weitspringen* zu. Die Vermittlung des Dreisprungs orientiert sich an folgenden methodischen Leitlinien.

Leitlinien zur Aneignung der Dreisprungtechnik

- Im Vordergrund stehen zunächst die Allgemeine Sprungschule und die Aneignung des Sprungrhythmus unter erleichterten Bedingungen (z. B. aus dem Stand oder dem kurzen Anlauf).
- Im Anschluss werden die Sprunggestalt und die Sprungfolgen „li-li-re" sowie „re-re-li" gefestigt. und das Sprungbein für den 1. und 2. Teilsprung (Hop u. Step) bestimmt, das mehrheitlich das sprunggewandtere und nicht das sprungkräftigere Bein darstellt.
- Der 1. Teilsprung (Hop) sollte mit dem „Nicht-Sprungbein" erfolgen, damit der 3. Teilsprung (Jump) mit dem „Weitsprungbein" ausgeführt werden kann. Zudem gelingt der flache, schnelle 1. Teilsprung (Hop) mit dem „Nicht-Sprungbein" besser, da dem Sportler für dieses Bein die gewohnheitsmäßige Absprungvorbereitung vom Weitsprung – Absenkung des Körperschwerpunkts vor dem Balken – weniger vertraut ist.

- Die Abfolge der drei Teilsprünge wird aufgrund der gegenseitigen funktionalen Abhängigkeit ganzheitlich vermittelt.
- Die Anlaufverlängerung und die Steigerung der Laufgeschwindigkeit erfolgen dann, wenn die Anfänger den Grundrhythmus beherrschen.

Das methodische Vorgehen der Vermittlung des leichtathletischen Dreisprungs lässt sich folgendermaßen gliedern.

Allgemeine Sprungschule
Sprungerfahrungen im Sprungparcours

Mehrfachspringen in rhythmischer Abfolge
Hopserläufe und Sprungläufe

Aneignung der technisch korrekten Sprungabfolge
Grundrhythmus

Schulung der aktiven Absprunggestaltung

Verlängerung des Anlaufs

Methodische Übungsreihe

Allgemeine Sprungschule

Sprungparcours

- Sprungerfahrungen im *Sprungparcours* mittels vielfältiger Sprungmöglichkeiten und Markierungshilfen (z. B. Trainingspylonen, Mini-Hürden, Schaumstoffblöcke) auf unterschiedlichen Untergründen (z. B. Rasen, Hallenboden, Gerätturnmatten, s. Kap. 2.3, Abb. 17)
- *Staffelformen*. Einbeiniges und beidbeiniges Hüpfen

Mehrfachspringen in rhythmischer Abfolge (max. 10 Sprünge)

Hopserläufe und Sprungläufe

Rhythmische Mehrfachsprünge

- Aus dem Stand und dem kurzen Anlauf
- Orientierung an Markierungen (z. B. kleine Hürden, Gerätturnmatten, Gymnastikreifen, Linien, s. Abb. 32)
- Über kleine, flache Hindernisse

Einbeinsprünge im Wechsel (Rhythmussprünge „li-li-re-re“)

- Der Fokus richtet sich auf den jeweils 2. Teilsprung (Aktiver Sprung beim Sprungbeinwechsel!)
- Beinwechsel mit Orientierungshilfen (z. B. kleine Trainingspylonen, Gymnastikreifen)

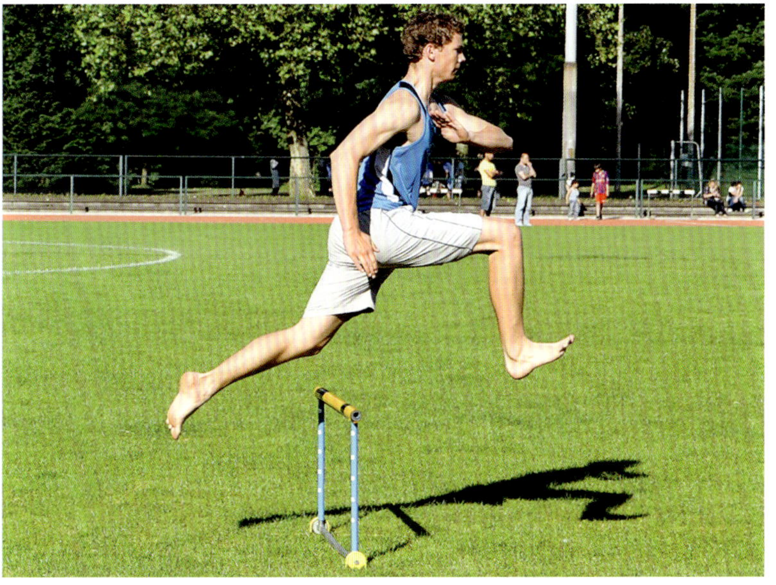

Abb. 32: Sprunglauf über kleine Hürden

Einbeinsprünge (links oder rechts)

- Auf der Stelle und aus dem längeren Anlauf
- In der Fortbewegung mit Geschwindigkeitssteigerung

Während im Rahmen der Sprungläufe das nachfolgende Landebein oder Sprungbein beim Absprung als Schwungbein nach vorn geführt wird, ist bei *Einbeinsprüngen* zu beachten, dass das Landebein oder Sprungbein in der Flugphase nach vorn geführt wird (s. Abb. 33).

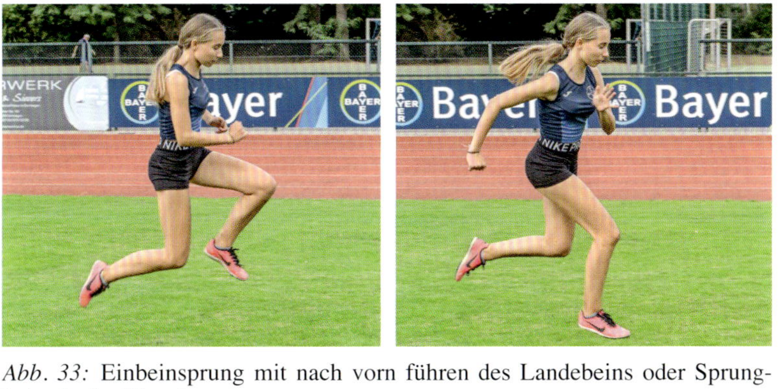

Abb. 33: Einbeinsprung mit nach vorn führen des Landebeins oder Sprungbeins in der Flugphase

Aneignung der technisch korrekten Sprungabfolge (Grundrhythmus)

Aneignung technisch korrekte Sprungabfolge

- ***Dreisprung „li-li-re“ und „re-re-li“***
  - Aus dem Stand zwei vorwärts gerichtete Hop-Sprünge (Identische Zeit!) mit anschließendem Jump-Sprung vom anderen Bein und beidbeinige Landung („li-li-re“ und „re-re-li“).
  - Aus dem Angehen oder Antraben mit abschließender raumgreifender Landung auf der Weichbodenmatte oder in die Weitsprunggrube.
  - Die Anlauflänge (Horizontalgeschwindigkeit) des Dreisprungs kann dann erhöht werden, wenn die oben beschriebene Sprungabfolge – „li-li-re“ oder „re-re-li“ – beherrscht wird.
  - 5 bis 7 Anlaufschritte und Landung auf der Weichbodenmatte oder in der Weitsprunggrube.

- Sprungabfolge mit räumlichen Orientierungshilfen (z. B. Gymnastikreifen), um das prozentuale Weitenverhältnis der drei Teilsprünge zu erproben (ca. 35 : 30 : 35; 1. Teilsprung nicht als kurzer „Mini-Step“!). Der Abstand der Orientierungshilfen richtet sich nach dem individuellen Sprungvermögen der Athleten.

- Den Abstand zwischen der 1. und 2. Orientierungshilfe (Hop-Sprung) kleiner wählen als zwischen der 2. und 3. Orientierungshilfe (Step-Sprung). Durch die räumliche Begrenzung wird das „Überziehen“ des Hop-Sprungs verhindert.

- Den 1. Teilsprung flach über die Gerätturnmatte sowie den 2. Teilsprung steil über den Schaumstoffblock setzen und anschließend weiterlaufen.

Schulung der aktiven Absprunggestaltung

- Kurze, vertikal akzentuierte Hopser- oder Sprungläufe mit geringer Intensität (Prellend, höhere oder zeitlich längere Flugphasen!).

- Mit aktivem „Scharren“ nach unten und hinten sowie allmählicher individueller Verlängerung der Sprungweite.

Schulung der aktiven Sprunggestaltung

- ***Einbeinsprünge mit kurzem Anlauf***
  - Schwungbein in der Flugphase schnell zurückführen.
  - Sprungbeinknie direkt nach dem Absprung ohne Anfersen schnellstmöglich und hoch nach vorn anheben. Mit dem Unterschenkel frühzeitig zum aktiven Fußaufsatz „ausgreifen“.

- ***Dreisprünge mit kurzem Anlauf*** unter Beachtung der technisch korrekten Schwung- und Sprungbeinbewegung.

Verlängerung des Anlaufs

- Dreisprünge mit 5-, 7-, 9- und 11-Schritt-Anlauf.
- *Anlaufgeschwindigkeit* derart wählen, dass die technisch korrekte Ausführung der drei Teilsprünge gewährleistet bleibt.

4.4 Fehler erkennen und Übungsaufgaben entwickeln

Selektives Sehen

Knotenpunkte erfassen

Im Mittelpunkt der Beobachtung und der Korrektur des Dreisprungs stehen die technikrelevanten, idealtypischen Bewegungsphasen. Von besonderer Bedeutung ist das selektive Sehen, d. h. die Konzentration auf die Schlüsselsequenzen und die Knotenpunkte des Dreisprungs („Was ist wichtig?"). Des Weiteren sind die fehlerzentrierte Beobachtung („Was ist falsch?"; Hommel & Killing, 2007, S. 6) und akustische Rhythmushilfen zur Unterstützung der Bewegungsausführung hilfreich (z. B. akzentuiertes Klatschen). Bei der *Wahl der Beobachtungsstandorte* sollten Trainer und Lehrer die nachfolgend angeführten Aspekte berücksichtigen (Hommel & Killing, 2007).

Beobachtungsstandorte

- Der Trainer und Lehrer sollte aufgrund der Länge der drei Teilsprünge im rechten Winkel auf Höhe des Hop-Sprungs stehen.
- Alternativ ist die Ansicht von vorn zu wählen. Aus dieser Perspektive können beispielsweise die Arm- und Knieführung in seitlicher Richtung, der Hüft- und Schulterwinkel, die seitlichen Abweichungen der Anlaufschritte, die seitliche Körperneigung beim Absprung und der Fußaufsatz besser kontrolliert werden.
- Hinreichender Abstand zum Dreispringer, um den Bewegungsverlauf vollständig zu erfassen.

Übungsaufgaben zur Verbesserung des 1. Teilsprungs (Hop)

Schwerpunkt 1. Teilsprung (Hop)

Bei Anfängern kann als Hauptfehler das *„Überziehen"* des 1. Teilsprungs beobachtet werden, da dieser zu hoch und zu steil gesetzt wird. Anschließend „schlägt" der ungeübte Athlet mit dem Landebein stemmend auf dem Boden auf, so dass der 2. Teilsprung unzureichend realisiert („Mini-Step") wird. Zur Fehlerbehebung eignen sich folgende Übungen (Hutt, 2010; Gustedt, 2015);

- ***Einbeinsprünge auf der Stelle.*** Das Sprungbeinknie direkt nach dem Absprung ohne Anfersen schnell und hoch nach vorn heben.

- ***Einbeinsprünge aus kurzem Anlauf.*** Zunächst 3 bis 5 Sprünge ausführen. Wenn das Sprungbeinknie in der Flugphase bis auf Hüfthöhe gehoben werden kann, dann die Anlauflänge verlängern (ca. 10 m) und die Anlaufgeschwindigkeit steigern.

- ***Hop-Sprünge aus mittlerem Anlauf (ca. 10 m) mit Weiterlaufen.*** Die Sprünge akzentuiert flach und vorwärtsgerichtet realisieren. Die Landung erfolgt auf dem Sprungbein mit anschließendem Weiterlaufen und geringer Abnahme der Laufgeschwindigkeit.

- ***Hop-Sprünge über flache Hindernisse*** (z. B. quergestellte Kastenlängsdeckel, Schaumstoffblöcke).

- ***Hopsprünge mit angedeutetem Step und Jump.*** Aus dem mittleren Anlauf aktiver Hop-Sprung über längsgelegte Gerätturnmatten (ca. 15 m; Landung auf dem Sprungbein!), anschließender Step-Sprung über quergelegte Gerätturnmatten und angedeuteter Jump-Sprung in die Weitsprunggrube. Der Abstand zur Weitsprunggrube orientiert sich an der individuellen Sprungfähigkeit der Sportler.

Übungsaufgaben

- ***Hop-Sprünge vom Kastensteg.*** Nach kurzem Anlauf (5 – 10 m) auf dem Kastensteg (Längskästen, Höhe: 10 – 20 cm) am Stegende aktiver Hop-Sprung und angedeuteter Step-Sprung sowie Jump-Sprung.

- ***Hop-Sprünge mit Step-Sprung auf den Längskasten.*** Nach drei flachen, aktiven Einbeinsprüngen (Hop-Sprünge) mit hohem Step-Sprung (Landung auf dem Schwungbein) auf das Kastenteil springen (Höhe: 10 – 20 cm). Der Jump-Sprung erfolgt vom Kastenlängsteil in die Weitsprunggrube.

Die Höhe und die Weite des 3. Teilsprungs (Jump) darf erst im Anschluss an die Entwicklung der Laufgeschwindigkeit gesteigert werden. Hierbei ist zu beachten, dass der 1. und 2. Teilsprung (Hop und Step) flach und akzentuiert schnell realisiert werden. Die Höhe und die Dauer des 2. Teilsprungs (Step) werden im Übungsverlauf geschult. Bei den vorgestellten Übungsaufgaben zur Verbesserung des 1. Teilsprungs (Hop) gewährleisten ausschließlich der flache Hop die optimale Ausgangsposition für die beiden nachfolgenden Sprünge.

Übungsaufgaben zur Verbesserung des 2. Teilsprungs (Step)

Anfänger setzen den 2. Teilsprung (Step) vielfach als normalen Schritt und damit kürzer, da der 1. Teilsprung (Hop) zu hoch und zu steil realisiert wird. Mögliche Korrekturen: Übungsaufgaben zur Verbesserung des 1. Teilsprungs (Hop).

Weitere Anfängerfehler bestehen darin, dass während der Landung zum 2. Teilsprung (Step) die Hüfte nach dem Fußaufsatz „stehen" bleibt und sich nicht mit den Schultern und dem Kopf vorwärts bewegt. Hierdurch verringert sich in der Stützphase die Horizontalgeschwindigkeit. Als trainingsmethodische Maßnahmen bieten sich horizontale Wechselsprünge zur Schulung des zeitgleichen Rhythmus des 1. und 2. Teilsprungs an (Gustedt, 2015).

Schwerpunkt

2. Teilsprung (Step)

Übungsaufgaben

- ***Mehrfachsprünge in die Horizontale über flache Hindernisse*** wie Schaumstoffblöcke oder kleine Pappkartons (Flach und zeitlich gleichmäßig springen!).
- ***Zweiersprünge.*** Aus dem kurzen Anlauf (ca. 5 m) im Wechsel jeweils zwei Einbeinsprünge ausführen (z. B. „li-li-re-re-li-li"). Der Fokus richtet sich auf den jeweils 2. Sprung (Aktiver Sprung beim Sprungbeinwechsel!).
- ***Dreisprungrhythmen mit Akzentuierung des Beinwechsels.*** Step-Sprung: Anlauf – links – links – rechts – weiterlaufen – rechts – rechts – links. Der 1. Teilsprung (Hop) kann über ein kleines Hindernis erfolgen (z. B. Schaumstoffblock).
- ***Dreisprung mit Step-Sprung auf den Kastendeckel.*** Den Dreisprung aus dem mittleren Anlauf (ca. 15 m) mit Landung des 1. Teilsprungs (Hop) auf dem Kastendeckel realisieren (Längskasten, Höhe: 10–20 cm) und anschließend in die Weitsprunggrube springen (Jump-Sprung).

Übungsaufgaben zur Verbesserung des 3. Teilsprungs (Jump) und der Landung

Schwerpunkt

3. Teilsprung (Jump) und Landung

Vergleichbar zum Weitsprung senken Anfänger beim Dreisprung die Beine während der Landung zum 3. Teilsprung frühzeitig. Als wirkungsvolle trainingsmethodische Maßnahme gelten Jump-Sprünge aus verkürztem Hop- und Step-Sprung dann, wenn der Jump-Sprung besonders akzentuiert wird (Hop- und Step-Sprung andeuten!). Ebenso können Jump-Sprünge mit räumlicher Hilfe ausgeführt werden. Der Sportler kann nach dem Jump-Sprung im vorgegebenen Zielfeld (z. B. Gymnastikreifen) landen oder vor der Landung ein Hindernis überspringen (z. B. kleiner Pappkarton oder Schaumstoffblock).

4.5 Lernen und Trainieren organisieren

Überforderungen

Das Dreispringen stellt große Anforderungen an den Bewegungsapparat und die Kondition (Ausreichende Pausen beachten!), da sich die Sprunghöhe und die Falltiefe vergrößert sowie höhere Haltekräfte erforderlich sind (s. Hinweise zum Weitsprung, Kap. 3.5).

Materialien

Materialien

- ***Achtung!*** Durch den Einsatz von Hindernissen (z. B. Kastendeckel, Gerätturnbänke, Mini-Hürden) wird der stemmende Absprung provoziert (Verlust der Horizontalgeschwindigkeit!). Des Weiteren beeinträchtigt die Aufmerksamkeitslenkung auf das Überspringen der Hindernisse den technisch korrekten Bewegungsablauf (Angst!).

Sicherheit

Sicherheitsaspekte

- Siehe Hinweise zum Weitsprung (Kap. 3.6)

Technik

Technische Ausführung

- Die *Aneignung des Sprungrhythmus* erfolgt zeitlich vor der Ausbildung der Sprungkraftfähigkeit.
- Die *Abnahme der Horizontalgeschwindigkeit* muss im Rahmen der drei Teilsprünge gering gehalten werden. Dies kann beim 1. und 2. Teilsprung (Hop u. Step) – vergleichbar der Flachsprungtechnik – durch kleine Abflugwinkel erfolgen.
- *Steilere Absprünge* bedingen die höhere Beanspruchung des Bewegungsapparats (z. B. Gelenkstauchung im Rahmen der Landung).
- Die *Höhe* und die *Weite des 3. Teilsprungs (Jump)* sollte im Anschluss an die Entwicklung der Laufgeschwindigkeit gesteigert werden. Der 1. und 2. Teilsprung (Hop und Step) werden schnell, sowie flach ausgeführt und dienen der Fortsetzung des Anlaufs.
- Auf weitenorientierte Sprünge aus dem kurzen Anlauf sollte verzichtet werden, da diese längere Stützzeiten benötigen. Das für schnelle Sprünge bedeutsame „reaktive Prellen“ kann im Rahmen maximaler Sprünge aus kurzen Anläufen nicht geschult werden.
- Während der Technikausbildung individuelle Erholungspausen und angemessene Wiederholungszahlen beachten (10 – 15 Sprünge).

Methodik

Methodische Hinweise

- Für Anfänger wird generell empfohlen, *von der Breitseite in die Weitsprunggrube* zu springen, so dass mehrere Sportler gleichzeitig springen können.
- Barfußsprünge dienen der Kräftigung der Fußmuskulatur und der Steigerung des Sprunggefühls.
- In der Sporthalle ist das Springen von Gerätturnmatte zu Gerätturnmatte nicht empfehlenswert, da schwächere Dreispringer durch die Vorgabe der Sprungweite überfordert und Stärkere unterfordert werden (Mattenläufer verwenden!).
- Der Abstand der Absprungzonen zur Weitsprunggrube richtet sich während der ersten Sprungversuche nach den individuellen Möglichkeiten der Sportler. Für Anfänger ist das Springen vom Absprungbalken nicht bedeutsam!

4.6 Wettkämpfe

Pädagogisch orientierte Wettkampfformen

Die nachfolgend skizzierten *pädagogisch orientierten Wettkampfformen* dienen der Hinführung des Anfängers zur normierten leichtathletischen Wettkampfform des Dreisprungs.

Pädagogisch orientierte Wettkampfformen

Dreisprung aus dem Stand

- Aus paralleler Fußstellung und Schrittstellung

Hop-Wettkampf

- Einbeinsprünge aus dem Stand oder dem 10-m-Anlauf
- 3, 5 oder 10 Sprünge: Links und rechts
- Teilleistungen: Weitensumme der Rechts- und Links-Sprünge oder die geringste Sprungdifferenz

Sprunglauf-Wettkampf. 6er- und 10er-Sprunglauf mit 10-m-Anlauf.

Strecken-Springen. Mit wenigen Sprüngen 15 m, 20 m oder 30 m überwinden.

Vielseitigkeits-Dreisprung. Dreisprung mit 10-m-Anlauf und zwei Sprungrhythmen („re-re-li“ u. „li-li-re“). Die jeweils weitesten Versuche beider Varianten werden addiert.

Mehrfachsprung-Fünfkampf. Dreisprung aus dem Stand, 5er-Hop-Sprung rechts, 5er-Hop-Sprung links, 6er-Sprunglauf, 10er-Sprunglauf mit jeweils 5 Anlaufschritten.

DLV Wettkampfsystem Kinderleichtathletik

Das *Dreispringen* als Mehrfachspringen ist fester Bestandteil des *DLV Wettkampfsystems Kinderleichtathletik* (DLV, 2018; 2020).

DLV Wettkampfsystem Kinderleichtathletik

- In der Altersklasse U 8 (6–7 Jahre) stehen *Einbeinhüpfer-Staffeln* im Mittelpunkt. Der vorgegebene Sprungparcours (z. B. mit Fahrradreifen ausgelegter Halbkreis) muss schnellstmöglich absolviert werden. Das Sprungbein wird nach der 1. Hälfte des Parcours gewechselt. Fehlerfreie Sprünge: 1 Punkt.
- In der Altersklasse U 10 (8–9 Jahre) werden *Wechselsprünge auf Zeit* gefordert. Die Teststrecke mit festgelegten Abschnitten (Fahrradreifen) und Sprungrhythmen (3 x links, 3 x rechts im Wechsel) muss schnellstmöglich und fehlerfrei mit Einbeinsprüngen bis zum abschließenden Zielsprung absolviert werden (Zeitnahme: Landung im Grätschstand in zwei nebeneinander liegenden Gymnastikreifen).
- In der Altersklasse U 12 (10–11 Jahre) werden aus dem begrenzten Anlauf fünf *Einbeinsprünge mit vorgegebenem Rhythmus* (rechts-rechts-links-links ...) im Reifenparcours absolviert. Mit dem letzten Sprung muss möglichst weit gesprungen werden.

In den drei Altersklassen U 8 bis U 12 werden die Einzelpunkte und Einzelweiten als Team gesammelt sowie die Teamwertungen in die Rangfolge gesetzt. In der Altersklasse U 12 sind Einzelwertungen möglich (DLV, 2018; 2020).

Wettkampfbestimmungen

Der Aufbau der Dreisprunganlage entspricht weitgehend der Weitsprunganlage (s. Kap. 3.6). Die Entfernung des Absprungbalkens zur Weitsprunggrube beträgt leistungsabhängig 7, 9, 11 und 13 m.

Messen der Leistung

Messen der Leistung

Siehe Hinweise zum Weitsprung (Kap. 3.6).

Ungültige Versuche

Ungültige Versuche

- Siehe Hinweise zum Weitsprung (Kap. 3.6).
- Ergänzend ist zu beachten:
  - Wenn mit dem 3. Teilsprung (Jump) die Weitsprunggrube nicht er reicht wird.
  - Wenn die Sprungabfolge nicht den Wettkampfbestimmungen entspricht (Hop-Step-Jump).

4.7 Leseempfehlungen

Lese-empfehlungen

Empfehlenswerte methodische Wege zur Aneignung des Dreispringens mittels zielgerichteter, vielfältiger Spiel- und Übungsformen beschreiben Elbe (1998, 1999), Hutt (2010), Katzenbogner (2012) und Gustedt (2015) in der Zeitschrift *Leichtathletiktraining*.

Kapitel 5

Hochspringen

Das *Springen in die Höhe* ist für Kinder und Jugendliche nicht nur ausgesprochen herausfordernd, sondern auch motivierend. Das kurzzeitige „Fliegen", die Überwindung von Hindernissen und die abschließende weiche Landung auf der Hochsprungmatte lösen nachhaltige, erlebnisreiche Körpererfahrungen aus. Darüber hinaus können Heranwachsende die eigene Hochsprungleistung unmittelbar überprüfen, vergleichen und bewerten.

5.1 Voraussetzungen schaffen

Das *Hochspringen* zählt zu den komplexen leichtathletischen Bewegungsfertigkeiten mit hohen konditionellen und koordinativen Leistungsanforderungen. Große Sprunghöhen fordern akzentuierte Anläufe und kraftvolle Absprünge vom Untergrund. Die in der Leichtathletik weit verbreitete *Floptechnik* (Fosbury *Flop*) stellt unabhängig vom sportlichen Leistungsniveau die geeignete Zieltechnik dar, da dem Hochspringer durch den kurvenförmigen Anlauf zusätzliche äußere biomechanische Kräfte zur Verfügung stehen (s. Bd. 3, Kap. 1.4). Bei der Floptechnik wird aus dem kurvenförmigen Anlauf einbeinig abgesprungen, um die Hochsprunglatte mit der Hüftüberstreckung rückwärts zu überqueren. Zu den *charakteristischen Kennzeichen* des *Fosbury Flops* zählen neben dem kurvenförmigen Anlauf mit rhythmisch steigernder Schrittfrequenz sowohl der reibungslose Übergang von der Kurveninnenlage in den Absprung als auch die zweckmäßige Körperhaltung in der Flugphase und während der Lattenüberquerung. Die Landung besitzt eine untergeordnete Funktion.

Geeignete Zieltechnik

Fosbury Flop

Die offensichtlichen Vorteile der Floptechnik stellen aber nicht die ausschlaggebende Begründung dafür dar, in der Kinder- und Jugendleichtathletik ausschließlich diese leichtathletische Hochsprungtechnik frühzeitig in den Fokus des Trainings zu rücken. Heranwachsende, die nicht in der Lage sind aus dem Anlauf akzentuiert vertikal abzuspringen, können die Floptechnik nicht oder nur mit großen Schwierigkeiten umsetzen. Vielfach verändert sich der Flopsprung zum „Abfaller" rückwärts über oder auf die Hochsprunglatte. Vor der Aneignung der Floptechnik sollten Wälzsprünge, schnell erlernbare Rollsprünge und Schersprünge erprobt werden (Schippert, 1993). Bevor mit der Schulung einer speziellen Hochsprungtechnik begonnen werden kann, müssen im Rahmen der *Allgemeinen Sprungschule* und der *Speziellen Sprungschule* vielfältige Sprungerfahrungen vermittelt werden (s. Kap. 2.1).

Allgemeine Sprungübungen

Anfänger können im *Sprungparcours* oder *Sprunggarten* in vielfältiger Art und Weise zum einen den freien oder rhythmischen Anlauf sowie Drehungen in der Luft erproben, zum anderen einbeinig über Hindernisse springen und in verschiedenen Körperpositionen landen (z. B. beidbeinig, Sprungbein- oder Schwungbeinlandung).

Bewegungsfundament für Floptechnik

Das *spezifische Bewegungsfundament für die Floptechnik* bilden vorbereitende Hochsprünge aus dem kurzen Anlauf (4 – 6 Schritte) wie Steigesprünge und Schersprünge mit Landung in der Weitsprunggrube oder auf der Weichbodenmatte.

Steige- und Schersprünge

- *Steigesprünge* aus geradlinigem, frontalem und schrägem Anlauf über kleine Hindernisse mit beidbeiniger Landung
- *Schersprünge* aus geradlinigem seitlichem, schwungbeinseitigem Anlauf über große Hindernisse mit einbeiniger Landung auf dem Schwungbein und anschließendem Weiterlaufen
- Wettbewerbsformen wie „Rechts-Links-Springen" (Addition der Ergebnisse beim Springen mit dem linken und rechten Bein) oder Sprungwettbewerb mit vorgegebener Versuchsanzahl

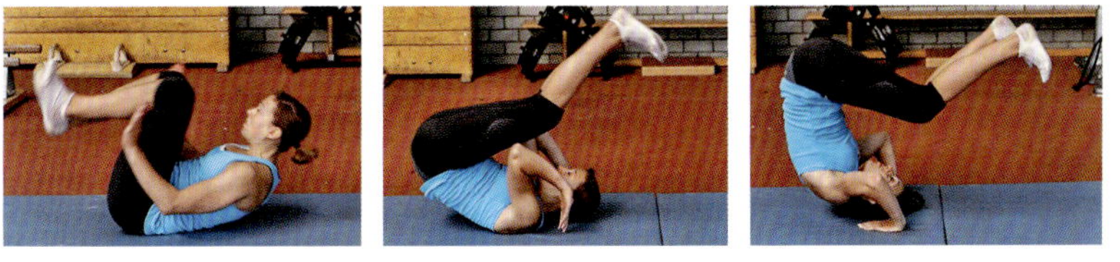

Abb. 34: Rolle rückwärts

Ergänzende turnerische Vorübungen

Darüber hinaus sollten Anfänger einfache turnerische Bewegungselemente beherrschen wie die Rolle vorwärts und rückwärts, den Handstand (Gegen die Wand oder mit Hilfestellung!), das Handstand-Abrollen oder den Handstand mit gestrecktem Umfallen in die Brücke (s. Kap. 5.3 u. Abb. 34 u. 35).

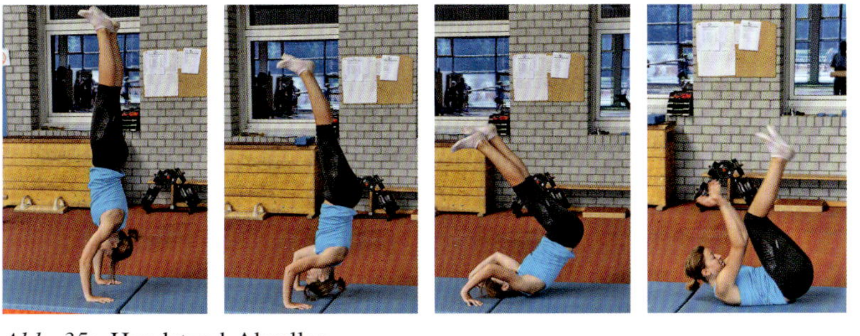

Abb. 35: Handstand-Abrollen

5.2 Grundlegende Technikmerkmale erkennen

Das *Hochspringen* kann mittels verschiedenartiger Hochsprungtechniken – Hocksprung, Wälzsprung, Schersprung, Rollsprung, Straddle oder Flopsprung – erfolgen. In den leichtathletischen Wettkämpfen des Leistungs-, Breiten- und Schulsports dominiert die Floptechnik mit den Varianten *Speedflop* oder *Powerflop*. Der Hochspringer erzielt mit dem Speedflop durch die große Anlaufgeschwindigkeit die maximale Sprunghöhe. Der Powerflop verlangt vom Athleten in erster Linie den großen Krafteinsatz. Erfahrene Sportpraktiker favorisieren den Speedflop. Die verschiedenartigen leichtathletischen Hochsprungtechniken und damit auch die nachfolgend exemplarisch dargestellte Floptechnik gliedern sich generell in vier Bewegungsphasen: Anlauf, Absprung, Flug und Landung (s. Abb. 36).

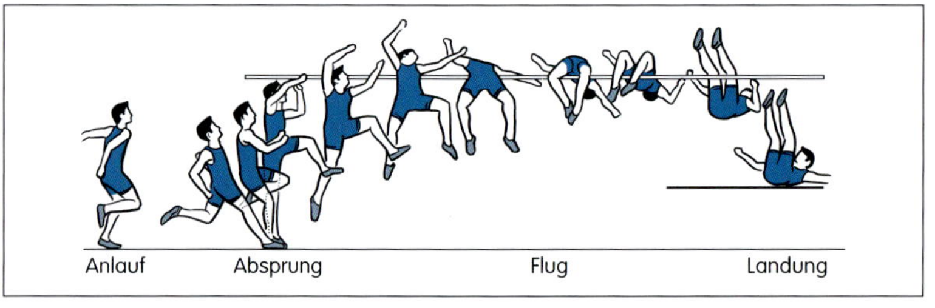

Floptechnik

Abb. 36: Floptechnik

Anlaufphase

Der Anlauf besteht aus dem geradlinigen und kurvenförmigen Anlaufteil. Die optimale Anlaufgeschwindigkeit erreicht der Hochspringer durch sieben bis elf auf den Fußballen elastisch federnd ausgeführte Anlaufschritte. Die Laufgeschwindigkeit liegt aufgrund des steilen Abflugwinkels unter dem individuellen Maximum. Der Sportler beginnt den *geradlinigen 1. Anlaufteil* (3–5 Schritte) auf der Schwungbeinseite (Rechtsspringer: Linke Seite). Anschließend erfolgt der Übergang zum *kurvenförmigen 2. Anlaufteil*, in dessen Verlauf die Körperinnenlage an die Laufgeschwindigkeit und den Kurvenradius angepasst wird („In die Kurve legen!"). Hierbei befindet sich die Innenschulter deutlich tiefer als die Außenschulter und der Kopf neigt sich zur Kurveninnenseite.

Anlauf

Die *Absprungvorbereitung* beginnt mit dem vorletzten Anlaufschritt, indem die Schulterachse die Hüfte „unterläuft" und der Oberkörper eine geringe Rücklage einnimmt. Der Körperschwerpunkt wird durch die Körperinnenlage und die Schwungbeinhocke abgesenkt (Aufsetzen des vorletzten Schritts auf der Fußsohle mit gebeugtem Kniegelenk!). Mit dem letzten Anlaufschritt erfolgt die Oberkörperaufrichtung aus der Körperinnenlage.

Absprungphase

Absprung

Der Absprung startet mit dem Aufsetzen des Absprungfußes (letzter Anlaufschritt), im Rahmen dessen die horizontale Bewegung in die Vertikale umgelenkt wird. Den Absprung kennzeichnen die große Abfluggeschwindigkeit, der optimale Abflugwinkel und die effiziente Ansteuerung der Drehimpulse um die Körperlängsachse sowie die Körpertiefenachse. Die Grundlage hierfür bilden die angemessene Sprungauslage, der technisch korrekte Fußaufsatz und der abgestimmte Einsatz der Schwungelemente.

Der Sprungfuß des lattenfernen Beins setzt in Laufrichtung über die Außenferse und die Fußsohle auf Höhe des 1. Drittels der Lattenebene auf (Fußspitze zeigt im Winkel von 20° bis 30° zur Hochsprunglatte!). Den *Abstand der Athleten zur Hochsprunglatte* bestimmt das individuelle Leistungsniveau (Altersklassen U 14 – U 20: 50–90 cm). Das Nachgeben im Kniegelenk sollte weitgehend vermieden werden. Das im Kniegelenk geringfügig gebeugte Sprungbein wird im Fuß-, Knie- sowie Hüftgelenk gestreckt und das Schwungbein von der Hochsprunglatte „wegdrehend" in die Waagerechte geführt (Diagonaler Schwungbeinzug!). Die Führarmtechnik oder der Doppelarmeinsatz unterstützt den Absprung.

Führarmtechnik

Doppelarmeinsatz

Im Rahmen der *Führarmtechnik* wird der lattennahe Arm während des letzten Anlaufschritts vor dem Oberkörper angehalten, bis auf Schulterhöhe geführt und zusammen mit dem Schwungbein abgebremst. Beim *Doppelarmeinsatz* werden die Arme hinter dem Oberkörper abgebremst und während des Absprungs kraftvoll nach „vorn-oben" beschleunigt. Übereinstimmend wird in beiden Techniken der Oberkörper aus der Körperinnenlage aufgerichtet und aktiv um die Körperlängsachse sowie Körpertiefenachse gedreht.

Flugphase

In der Flugphase muss der Hochspringer nach oben „aufsteigen" und die Lattenüberquerung sichern. Die Flugphase kennzeichnen folgende vier Bewegungsphasen: Steigen, Drehen um die Körperlängsachse, Kippen in die Waagerechte (Um die Körpertiefenachse!) und Einnehmen der Bogenspannung.

In der *Steigphase* wird die Absprunghaltung („Streckung" des Oberkörpers und Sprungbeins, hohe Schwungelemente) aufrechtgehalten und die Drehung um die Körperlängsachse sowie die Kippbewegung zur Hochsprunglatte fortgesetzt. Am Ende der Steigphase bereitet der Athlet durch das „Greifen" des Führarms über die Hochsprunglatte und die Parallelführung der Beine die Lattenüberquerung vor. Während der Lattenüberquerung wird das Schwungbein abgesenkt, mit dem Führarm über die Hochsprunglatte gegriffen und die *Bogenspannung des Oberkörpers* eingenommen. Die Körperhaltung über der Hochsprunglatte kann derart optimiert werden, indem der Hochspringer den Kopf zum Nacken neigt, die Hüftgelenke aktiv überstreckt und die Unterschenkel geringfügig anferst. Die „Loslösung" von der Hochsprunglatte mittels der Klapptechnik oder der Drehtechnik dient der Vorbereitung der sicheren Landung auf der Hochsprungmatte.

Steigphase

Im Rahmen der *Klapptechnik* werden die Hüfte dann gebeugt und beide Unterschenkel im Kniegelenk gestreckt, wenn das über der Hochsprunglatte angehobene, überstreckte Becken die Hochsprunglatte überquert. Bei der *Drehtechnik* nutzt der Hochspringer den vorhandenen Drehimpuls, so dass der Sportler von der Hochsprunglatte rotiert.

Klapptechnik

Drehtechnik

Landephase

Die Landung auf der Hochsprungmatte erfolgt mit gestreckten Kniegelenken und gebeugtem Hüftgelenk auf dem oberen Rücken sowie den Schultern („L-Position") mit zur Brust geneigtem Kopf. Die Beine werden geringfügig gespreizt, damit die Knie nicht auf das Gesicht des Sportlers „schlagen" (Verletzungsgefahr!).

Landung

Zu den grundlegenden Technikmerkmalen des Flopsprungs zählen:

Grundlegende Technikmerkmale

- Druckvoller kurvenförmiger Anlauf und Sprungauslage (Deutliche Kurveninnenneigung und Körperrücklage!)
- Nutzung der Kurveninnenlage (Insbesondere die drei letzten Anlaufschritte!) und explosiver nach oben gerichteter Abdruck vom Untergrund
- Stemmender Einsatz des Sprungbeins mit Fußspitze in Sprungrichtung zur Hochsprunglatte (ca. 20° – 30°)

Flug

- Technisch korrekte Ansteuerung der Drehimpulse um die Körperlängsachse und Körpertiefenachse (Dreh-Kipp-Bewegung!)
- Energischer Einsatz der Schwungelemente (Arme, Schwungbein)
- Hüftstreckung in der „Brückenposition" und schnelle Auflösung der „Brückenposition" nach der Überquerung der Hochsprunglatte
- Landung auf der Hochsprungmatte

5.3 Techniken aneignen, variieren und optimieren

Anfänger Schersprung

Fortgeschrittene Flopsprung

Die Vermittlung der Hochsprungtechnik zielt zum einen auf die Aneignung der zeitlich-dynamischen Grobstruktur der Bewegungsausführung, zum anderen sollten Spielräume für individuelle Technikausprägungen bestehen. Erste beidseitige Sprungerfahrungen im Sprungparcours erfolgen mit Steigesprüngen und Schersprüngen „in die Höhe". Während der *Schersprung* die anfängerorientierte erlebnisreiche Einstiegstechnik darstellt, eignet sich der *Flopsprung* als Wettkampftechnik. Zu den zwingend notwendigen Elementen der Basistechnik des Flopsprungs zählen nach Killing und Gruber (1995):

- ***Anlauf.*** Optimale Laufgeschwindigkeit, Konstanz der Schrittlänge und Kurvenlauf
- ***Absprungvorbereitung.*** Allmähliche Oberkörperaufrichtung und Überführung in die Sprungauslage
- ***Absprung.*** Energischer Sprung in die Höhe mit Einleitung der Körperrotationen
- ***Flugphase und Landung.*** Optimale Körperhaltung über der Hochsprunglatte und technisch korrektes Timing

Methodische Leitlinien zur Aneignung der Floptechnik

Bewegungszergliederung „von vorn nach hinten"

Progressive Teillernmethode

Den Flopsprung kennzeichnet die große Bewegungskomplexität, da zahlreiche hintereinander geschaltete motorische Aktionen wie Anlauf, Absprung, Flug und Landung koordiniert werden müssen. Unter methodischen Gesichtspunkten kann der Flopsprung vom Bewegungsanfang zum Bewegungsende in verschiedene isoliert zu erlernende Teilbewegungen zergliedert werden. Nach der *Progressiven Teillernmethode* (syn. Serielle methodische Übungsreihe, s. Bd. 1, Kap. 1.3) erlernt der Anfänger zunächst den einleitenden Anlaufabschnitt und verknüpft diesen mit der nachfolgenden Absprungsequenz. Anschließend werden das „Fliegen“, die Überquerung der Hochsprunglatte und die Landung auf der Hochsprungmatte „aufaddiert“. Im Vordergrund steht das *Vereinfachungsprinzip der Verkürzung der Bewegungslänge* (Reduzierung der Bewegungskomplexität, s. Bd. 1, Kap. 1.3). Die Schulung der Floptechnik orientiert sich an folgenden methodischen Leitlinien.

Vereinfachungsprinzip

Leitlinien zur Aneignung des Hochspringens

- Im Vordergrund steht die Übung des Anlauf-Absprung-Komplexes mit dem Ziel, aus dem präzisen, kontrollierbaren und dynamischen Anlauf den Absprung zu realisieren. Die Flugphase und die Landung spielen zunächst eine sekundäre Rolle.
- Im Rahmen der Anlauf-Absprung-Übungen ist der kurvenförmige Anlauf mit der Einnahme der Kurveninnenlage von Bedeutung. Dies setzt mindestens den 7-Schritt-Anlauf voraus.
- Besondere Aufmerksamkeit sollte auf die Umsetzung der Anlaufgeschwindigkeit in den Absprung unter Nutzung der Drehimpulse gerichtet werden.
- Anschließend beginnt die Schulung der Flugphase mit dem Ziel, die komplexe Kontrolle der Drehmomente zu vermitteln, die maßgeblich das Verhalten während der Flugphase und der Landung bestimmen.
- Die Steigerung der Leistungsanforderungen erfolgt über die Anlaufverlängerung mit gleichzeitiger Erhöhung der Hochsprunglatte.

Der methodische Einstieg in den Hochsprung lässt sich folgendermaßen gliedern.

Methodische Übungsreihe

Anlaufübungen
Kreis- und Halbkreisbahnen

Absprungübungen
Sprung-ABC und Steigesprünge

Anlauf-Absprungübungen
an der Hochsprunganlage

Flugphase- und Landeübungen

Komplexe Übungen
an der Hochsprunganlage

Anlaufübungen auf Kreis- und Halbkreisbahnen

Für die Markierung des kurvenförmigen Anlaufwegs (Radius: 4–9 m) eignen sich kleine Trainingspylonen (s. Abb. 37) oder die Kreislinien des Kleinspielfeldes. Die Anfänger erproben die Kurvenläufe in beide Richtungen im ¾-Kreis oder als „U-Läufe“ oder „J-Läufe“.

- Sprint- und Sprung-ABC-Übungen mit Variation der Laufgeschwindigkeit und wechselnden Armhaltungen
- 5- bis 7-Schritt-Anlauf mit Temposteigerung
- Steigesprung-Hopserläufe mit wechselnden Armhaltungen
- Kurvenanläufe mit Absprung vor kleinen Hindernissen und beidbeiniger Landung in der Zielzone (z. B. Kreis), die vom Absprungpunkt in geradliniger Verlängerung der Anlaufkurve entfernt liegt. Die Anlaufübungen erfolgen als Steigerungsläufe mit deutlicher Kurveninnenneigung.

Für Anfänger stellt das Laufen mit wechselnden Armhaltungen eine große koordinative Herausforderung dar und sensibilisiert für die räumliche „Kurvenlage“ der Schulterachse sowie der Oberkörperachse (Aufrechte Körperhaltung in der Kurveninnenneigung!, s. Abb. 37).

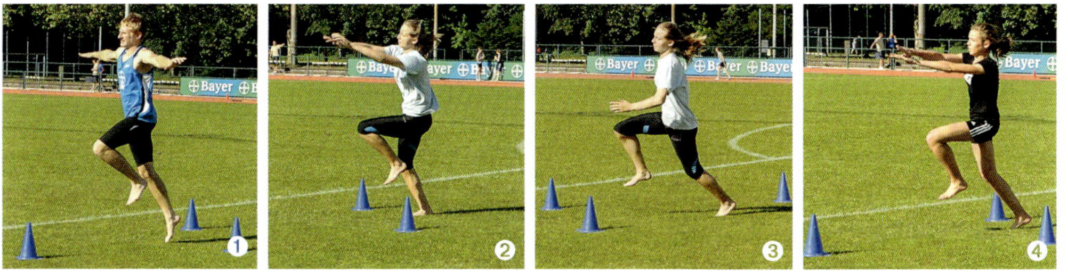

Abb. 37: Kurvenläufe mit wechselnden Arm- und Beinhaltungen

Absprungübungen (Sprung-ABC, Steigesprünge)

Absprung üben

Bevor der Anlauf und der Absprung miteinander verbunden werden, empfiehlt sich die Wiederholung der Übungen des Sprung-ABC insbesondere der Steigesprünge mit „Obenorientierung“ (Sprünge zu Zielen in Kopf-, Reich- oder Sichthöhe). Während der Bewegungsausführung müssen der flüssige Übergang vom Anlauf in den Absprung, die schnelle Kniegelenkstreckung des Sprungbeins und das dynamische Mitschwingen der Arme beachtet werden.

Anlauf-Absprungübungen an der Hochsprunganlage

Anlauf und Absprung üben

Verschiedenartige Markierungen veranschaulichen dem Anfänger den Ablaufpunkt, den kurvenförmigen Laufweg und den Absprungpunkt mit dem lattenfernen Bein. Aus Sicherheitsgründen muss der Absprungpunkt im 1. Drittel der anlaufseitigen Lattenebene liegen (z. B. kleine Trainingspylone). Anfänger üben zunächst ohne Hochsprunglatte. Im weiteren Übungsverlauf können Sprunghöhen überwunden werden (z. B. elastisches Flatterband), die keine maximale Sprungleistung erfordern.

Steigesprung aus kurvenförmigem Anlauf

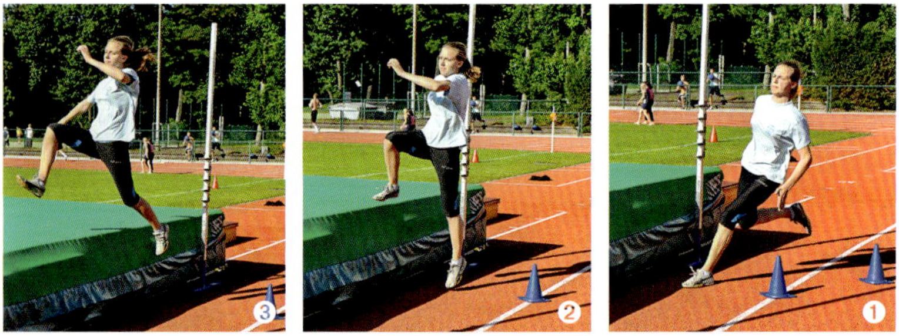

Abb. 38: Steigesprung aus dem kurvenförmigen Anlauf

- Steigesprünge aus dem kurvenförmigen Anlauf auf die Hochsprungmatte (5–7 Schritte, s. Abb. 38)
- Schersteigesprünge aus dem kurvenförmigen Anlauf mit geringer Sprunghöhe oder Steigesprünge ohne Hochsprunglatte
- Schersprünge aus dem kurvenförmigen Anlauf über das Hochsprungband (Hochsprunglatte) mit im Kniegelenk gebeugtem Bein (s. Abb. 39)

Schersprünge aus kurvenförmigem Anlauf

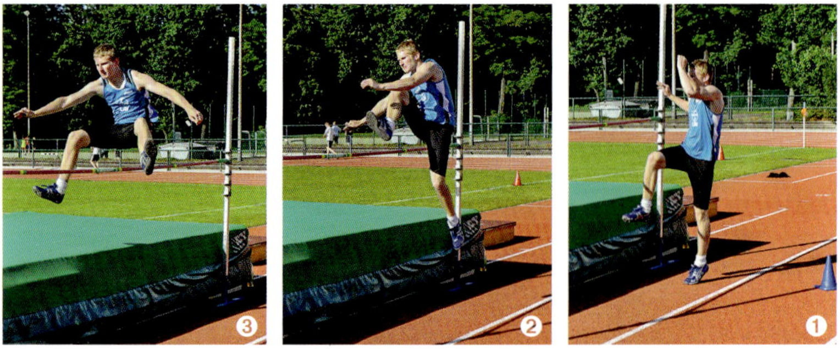

Abb. 39: Schersprung aus dem kurvenförmigen Anlauf

Im Rahmen der Anlauf-Absprungübungen an der Hochsprunganlage muss beachtet werden, dass

- der *Ablaufpunkt* ca. 2 m außerhalb der Ständerprojektion und altersabhängig 5 bis 9 m von der Lattenebene entfernt liegt (s. Abb. 44).
- *von der Ablaufmarke* aus der Schrittstellung mit demselben Bein und mit gleichmäßigem Steigerungslauf begonnen wird (Rhythmus-, Schrittlängen- oder Tempowechsel vermeiden!).

Anlauf-Absprung-übungen

- nach dem *1. Anlaufschritt* der Kurvenlauf beginnt und der Oberkörper sich mit zunehmender Anlaufgeschwindigkeit deutlich in die Kurve legt (kein „Abkürzen" der Kurve!).
- die *Absprungstelle* 30 bis 60 cm von der Hochsprungmatte entfernt und nahe am 1. Hochsprungständer liegt (nicht über die Hochsprungmatte hinaus springen!).
- der *Sprungfuß* (lattenfernes Bein) mit schlagendem, schnellem letzten Schritt in Verlängerung der Anlaufkurve im Winkel von 20° bis 30° zur Hochsprunglatte (schräg in Richtung hinterer Mattenecke!) über die Ferse mit der Fußsohle vollständig aufsetzt.
- im *Absprung* das Sprungbein schnell im Kniegelenk gestreckt und das Schwungbein im Kniegelenk gebeugt nach „vorn-oben" bis in die Waagerechte geführt wird (Anschließende kurzzeitige Fixierung!).
- zum *Abschluss* der Oberschenkel des Schwungbeins fallengelassen und mit beiden Füßen oder auf dem Schwungbein mit anschließendem Weiterlaufen gelandet wird.

Aufsprung-fläche nicht zu hoch

Die *Aufsprungfläche* sollte nicht zu hoch gewählt werden, anderenfalls wird die nicht vollendete Sprungbeinstreckung provoziert, indem die Beine frühzeitig angezogen werden oder der Oberkörper nach vorn abknickt. Realisiert der Anfänger die Sprünge in die Weite, hilft der Hinweis, den Oberkörper im Anlauf zurückzuhalten, während die Beine den Oberkörper überholen und zum Absprung „treiben" (Mühlbach, 2007).

Flugphase- und Landeübungen

Anfänger sollten die ungewohnte Flugkurve „rückwärts" und die Rückenlandung durch turnerische Übungen vorbereiten.

- Rollen vorwärts und rückwärts, Flugrollen und Hechtrollen, Handstand-Abrollen, Rolle rückwärts durch den flüchtigen Handstand, Nackenkippe und Vorübungen zum Handstützüberschlag (s. Abb. 34 u. 35).

Flug und Landung üben

- Isolierte Fallübungen zur Erarbeitung der Landung auf der Hochsprungmatte (z. B. „Umfaller“ rückwärts, seitwärts aus dem Stand, „Handstand-Umfaller“ mit Rückenlandung)
- Einnahme der Landeposition („L-Position“) und der Überquerungshaltung („Brückenposition“) am Boden oder auf der Hochsprungmatte.

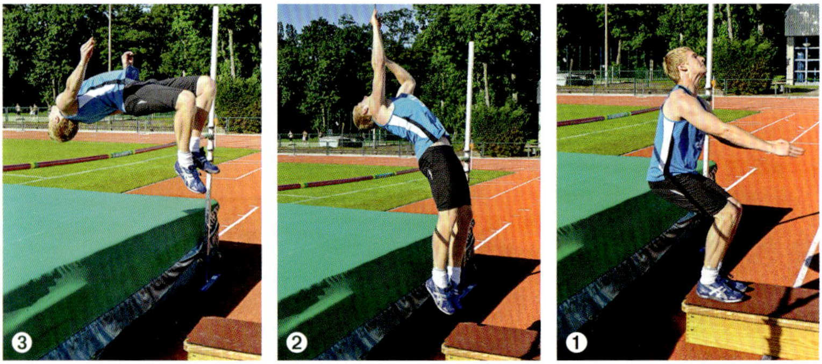

Abb. 40: Standflop rückwärts vom Oberteil des Längskastens

Standflop rückwärts und seitwärts

Ängstliche Sportler können mit Hilfe des *Standflops rückwärts* an der Hochsprunganlage einerseits den Härtegrad der Hochsprungmatte, andererseits die ungewohnte Rückenlandung und die Überquerungshaltung erproben („Brückenposition“, s. Abb. 40 u. 41). Diese Vorübung kann zwar verhindern, dass die Anfänger mit dem Absprung eine Schutzhaltung einnehmen (runder Rücken). Das vielfach zu beobachtende „geringfügige Hineinlegen“ in Richtung der Hochsprungmatte wird aber nicht vermieden. Aus diesem Grund sollten Trainer und Lehrer den Standflop rückwärts nur in Ausnahmefällen einsetzen (Mühlbach, 2007).

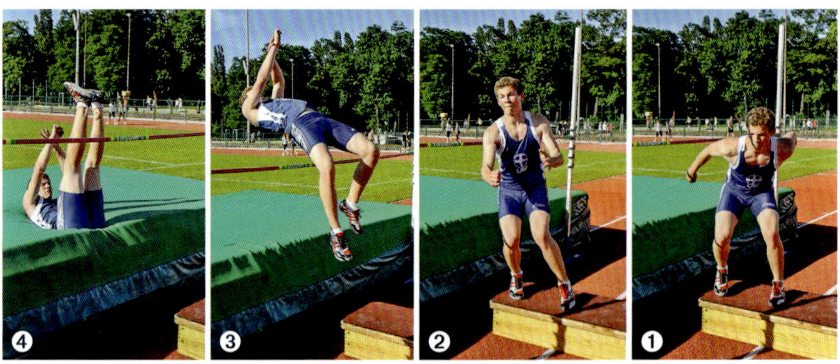

Abb. 41: Standflop seitwärts vom Oberteil des Längskastens

Der Standflop *seitwärts* zur Hochsprungmatte wird vom Oberteil des Längskastens realisiert (s. Abb. 41). Die vollständige Körperstreckung mit anschließender Hüft-Überstreckung erfolgt während des Absprungs – geführt durch die lattennahe Schulter – bis zum Zeitpunkt „Gesäß oberhalb der Hochsprunglatte". Die technisch korrekte Lattenüberquerung sichern zum einen die anschließende Auflösung der Körperüberstreckung verbunden mit dem geringen „Auskicken" der Unterschenkel und zum anderen die ¼-Drehung um die Körperlängsachse.

Der Standflop seitwärts ist dem Standflop rückwärts vorzuziehen, da bei letzterem eine falsche Bewegungsvorstellung vermittelt wird und bei Anfängern durch die fehlende visuelle Orientierung möglicherweise Ängste ausgelöst werden. Des Weiteren kann durch den Standflop seitwärts im besonderen Maße ohne zusätzlichen Anlauf die Steigphase, die Kontrolle der Drehimpulse um die verschiedenen Körperachsen, die Lattenüberquerung und die Auflösung der Bogenspannung zur Landung geschult werden. Im Rahmen der Standflopsprünge ist die erhöhte Absprungstelle zwingend notwendig, da das „Abtauchen" hinter der Hochsprunglatte die hinreichend lange Flugphase voraussetzt.

Komplexe Übungen an der Hochsprunganlage

Komplexe Übungen an der Hochsprunganlage

Die komplexen Übungsformen an der Hochsprunganlage verbinden die erlernten Teilelemente des Hochsprungs und akzentuieren sowohl den explosiven Absprung als auch den „greifenden" Fußaufsatz sowie die Hüftüberstreckung.

- ***Dreh-Kipp-Steigesprünge aus 5-Schritt-Anlauf.*** Der Anlauf und der Absprung erfolgen mit dem lattenfernen Bein rückwärts über das elastische Sprungband. Das Schwungbein wird seitlich nach innen geführt (Nicht zur Hochsprungmatte!). Zeitgleich kippt der Oberkörper zur Hochsprungmatte, um die Drehung der Körperlängsachse und die Kippbewegung zu gewährleisten. Die Landung erfolgt auf der Seite oder dem Rücken im rechten Winkel zur Mattenvorderkante.

- ***Flopsprünge mit verkürztem 5-Schritt-Anlauf.*** Die Teilelemente des Hochsprungs werden mittels „Dreh-Kipp-Steigesprünge" über die niedrige Hochsprunglatte miteinander verbunden. Hierbei sollte besonders die Drehung um die Körperlängsachse und das Kippen um die Körpertiefenachse akzentuiert werden.

- ***Flopsprünge mit 7-Schritt-Anlauf.*** Der kurvenförmige 5-Schritt-Anlauf wird um zwei geradlinige Schritte verlängert, um die Anlaufgeschwindigkeit zu steigern und den „flüssigen“ Übergang in den Kurvenanlauf zu vermitteln. Der Übergang vom geradlinigen Anlauf zum Kurvenlauf erfolgt zwischen dem 3. und 4. Anlaufschritt (Markierung: 3. Schritt).

- ***Flopsprünge mit langem Anlauf (9–11 Schritte).*** Der Absprungpunkt liegt eine Armlänge von der Hochsprunglatte entfernt. In Abhängigkeit von der individuellen Präferenz wird der Einsatz des lattennahen Schwungarms (Führungsarm) oder des Doppelarmschwungs akzentuiert. Die allmähliche Vergrößerung der Anlauflänge und der Anlaufgeschwindigkeit erfordert, die Anlaufmarken entsprechend nach hinten zu verlegen.

5.4 Fehler erkennen und Übungsaufgaben entwickeln

In der Kinder- und Jugendleichtathletik fokussiert das Hochsprungtraining vergleichbar zum Weitsprungtraining die *Bewegungsvariabilität*. Die Heranwachsenden werden mit einer großen Anzahl unterschiedlicher Bewegungsaufgaben konfrontiert und lernen zwischen verschiedenen Bewegungsmöglichkeiten abzuschätzen.

Beobachten und Korrigieren

Bei der Beobachtung und der Korrektur des Hochsprungs sollten vor allem die technikrelevanten Bewegungsteile erfasst und beurteilt werden. Hierbei ist das selektive Sehen von besonderer Bedeutung, d. h. die Konzentration auf die Schlüsselsequenzen und die Knotenpunkte des Bewegungsablaufs („Was ist wichtig?“). Zudem sind fehlerzentrierte Beobachtungen („Was ist falsch?“) und akustische Hinweise hinsichtlich des Bewegungsrhythmus zu berücksichtigen (Hommel & Killing, 2007). Bei der *Wahl der Beobachtungsstandorte* sollten die nachfolgend angeführten Kriterien beachtet werden (Hommel & Killing, 2007).

Selektives Sehen

Knotenpunkte erfassen

- Die technikrelevanten Bewegungsphasen des Flopsprungs (Kurveninnenlage, Rücklage beim Fußaufsatz zum Absprung) sollten aus verschiedenen Positionen beobachtet werden (von der Seite, von hinten, von vorn).
- Den Beobachtungsstandort bei Rechtsspringern und Linksspringern wechseln!
- Hinreichenden Abstand zum Hochspringer einnehmen, damit der Bewegungsverlauf vollständig erfasst werden kann.

Beobachtungsstandorte

Orientierungshilfen für den kurvenförmigen Anlauf

Anlauf richtig nutzen

Typische Anfängerfehler bestehen darin, dass der Kurvenradius zu klein oder zu groß gewählt, die Anlaufkurve „abgekürzt" oder keine Anlaufkurve realisiert wird. Zur Vermeidung des „Abschneidens" der Anlaufkurve und der frühzeitigen Auflösung der Kurveninnenlage können im Sinne der Unterstützung der Bewegungsorganisation („Invariantenunterstützung") akustische Rhythmusvorgaben (z. B. Händeklatschen) sowie Umlaufmarken hilfreich sein (visuelle Orientierungshilfen, s. Bd. 1, Kap. 1.3). Der Übergang vom geradlinigen Anlauf (4 Schritte) in den Kurvenlauf (5 Schritte) erfolgt zwischen dem 3. und 4. Anlaufschritt. Die entsprechende Umlaufmarke kennzeichnet den Beginn des kurvenförmigen Anlaufabschnitts. *Je größer der Hochspringer und je schneller der Anlauf, desto größer der Kurvenradius!*

Absprungmarkierung als lange Linien

Absprungpunkt festlegen

Korrekten Drehimpuls setzen

Distanz zur Hochsprunglatte beachten!

Die besondere Aufmerksamkeit gilt beim Hochsprung der Schrittgestaltung unmittelbar vor dem *Absprungpunkt*. Anfänger wählen den Abstand zur Hochsprunglatte entweder zu nah, zu weit entfernt oder der Anlauf führt parallel zur Hochsprungmatte, so dass die Impulskurve verlassen wird. Das in diesem Zusammenhang häufig beobachtbare fehlerhafte „Hinwerfen zur Hochsprunglatte" und das „Hinüberlegen auf die Hochsprungmatte" ist darauf zurückzuführen, dass ungeübte Sportler während der letzten Anlaufschritte den Rücken frühzeitig zur Hochsprunglatte drehen und den Sprungfuß parallel zur Lattenebene oder von der Hochsprungmatte abgewandt zeigend aufsetzen. Bei diesen Fehlerbildern helfen Absprungmarkierungen als lange Linien (z. B. Kreidelinien, Tape-Streifen), so dass sich die Anfänger nicht auf den Absprungpunkt konzentrieren müssen (Gustedt, 2021). Des Weiteren empfehlen sich Absprungmarkierungen dann, wenn in der Trainingsgruppe die Absprungentfernung aufgrund unterschiedlicher Sprunghöhen variiert.

Anlaufgeschwindigkeit gleichmäßig steigern

Wenn der Anlauf zu Beginn des Aneignungsprozesses mit großer Geschwindigkeit und im weiteren Lernverlauf zunehmend langsamer realisiert wird, dann führt dies zur fehlerhaften Kurveninnenlage. Beobachtet der Trainer beim vorletzten Schritt (Side-Step) das seitliche Ausweichen, liegt dies in der zu schnellen Anlaufgeschwindigkeit begründet. In beiden Fällen muss der Sportler die Anlaufgeschwindigkeit gleichmäßig steigern.

Landemarkierung und verbale Hinweise

Wenn der Hochsprung seitlich in die Hochsprungmatte oder aufgrund des mangelnden Absprungs ein „Legen zur Matte“ erfolgt, dann zeigt die Landemarkierung die korrekte Bewegungsrichtung an. Verlässt der Hochspringer frühzeitig die Kurveninnenlage, helfen Hinweise wie „Letzten Schritt zur Matte laufen“ und „Sprungrichtung nach vorn“.

Schersprünge aus kurvenförmigem Anlauf

Korrekter Sprungfußaufsatz

Schersprünge aus dem kurvenförmigen Anlauf unterstützen den Anfänger, sich auf den Fußaufsatz zu konzentrieren, da während des Absprungs keine Rotationen erfolgen. Schersprünge sollten im Wechsel mit Flopsprüngen ausgeführt werden. Der technisch korrekte Fußaufsatz und die Dreh-Kipp-Bewegung kann ebenfalls mit *Dreh-Kipp-Steigesprüngen* in die Höhe aus dem 5- und 7- Schritt-Anlauf geschult werden. Zu beachten ist der gerade Fußaufsatz in Laufrichtung sowie Sprungrichtung und dass die Rotation während des Absprungs erfolgt (s. Abb. 42).

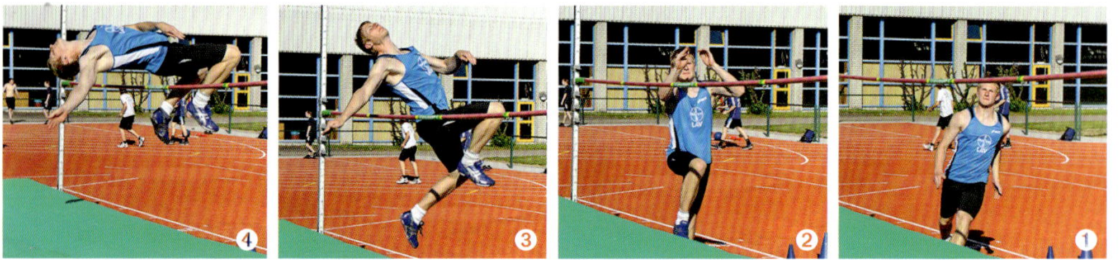

Abb. 42: Dreh-Kipp-Bewegung in der Flugphase

Wenn die Drehimpulse um die Körperlängs- und Körpertiefenachse gering ausgeprägt sind, dann sollte auf die Kurveninnenlage bis zum Fußaufsatz geachtet und im Absprung das Nachinnendrehen des Schwungbeins akzentuiert werden.

Steigesprünge aus verkürztem Anlauf

... mit Höhenorientierung

Steigesprünge aus dem verkürzten Anlauf an Höhenorientierer (ca. 5 Anlaufschritte) helfen dann, wenn die Anlaufgeschwindigkeit nicht in die Höhe umgesetzt und mehr in die Weite gesprungen wird.

Geringe Sprunghöhen oder elastisches Sprungband

„Lattenangst“ abbauen

Verweigert der Anfänger den Absprung und läuft an der Hochsprunganlage vorbei, sollte die Sprunghöhe verringert und nach erfolgreichen

Versuchen wieder gesteigert werden. Das elastische Sprungband dient der Angstreduktion.

Übungsaufgaben zur Verbesserung der Flugphase und Landephase

Steigphase akzentuieren

Schwungbein halten

Anfänger nehmen in der Steigphase die Überquerungshaltung vielfach bereits unterhalb der Hochsprunglatte ein. In diesem Fall muss der Sportler die Absprungbewegung zeitweise „einfrieren". Wenn der lattennahe Arm zu Beginn der Steigphase auf die Hochsprunglatte greift, dann muss der Trainer den Hochspringer anweisen, den rechten Arm nach „vorn und oben" zu führen.

Schwungbeinrückführung akzentuieren

Schwungbeinrückführung

„Brückenposition" verbessern

Während der Lattenüberquerung kann bei Anfängern vielfach die fehlende oder nicht hinreichende Hüftstreckung (Brückenposition) beobachtet werden, da das Schwungbein nach dem Absprung nicht zum Sprungbein geführt oder der Kopf zur Brust anstatt zum Nacken geneigt wird. Das typische „Sitzen" über der Hochsprunglatte kann verhindert werden, indem der Sportler in der Steigphase das „eingefrorene" Schwungbein „fallenlässt" und gleichzeitig das Sprungbein anferst (Parallelstellung der Beine!). Zur Unterstützung der Hüftgelenkstreckung helfen folgende Hinweise: „Beine länger hängen lassen" oder „Mit den Waden reißen". Bei fehlerfreier Übungsausführung sollten die Beine zum „Lösen" von der Hochsprunglatte angehoben werden, nachdem die Hüfte die Hochsprunglatte passiert. Des Weiteren bedingt die frühzeitige Hüftbeugung, dass das Gesäß die Hochsprunglatte berührt. Die Aneignung der „Brückenposition" schulen der *Standflop rückwärts oder seitwärts vom Oberteil des Längskastens*.

Sprünge aus kurzem Anlauf vom Oberteil des Längskastens

Über das variable Üben hinaus Lösungsräume erproben

Zur Festigung der technisch korrekten Körperhaltung über der Hochsprunglatte dienen zum einen Hochsprünge mit kurzem Anlauf vom Oberteil des Längskastens (s. Abb. 43). Hilfreich ist der Hinweis, dass zunächst die Schultern und anschließend das Becken auf der Hochsprungmatte landen müssen. Zum anderen sind Gerätturnübungen mit Akzentuierung der Beckenüberstreckung geeignet (s. Kap. 5.1). Grundsätzlich sollte beachtet werden, dass Fehler in der Flugphase vielfach Folgefehler des technisch nicht korrekten Absprungverhaltens darstel-

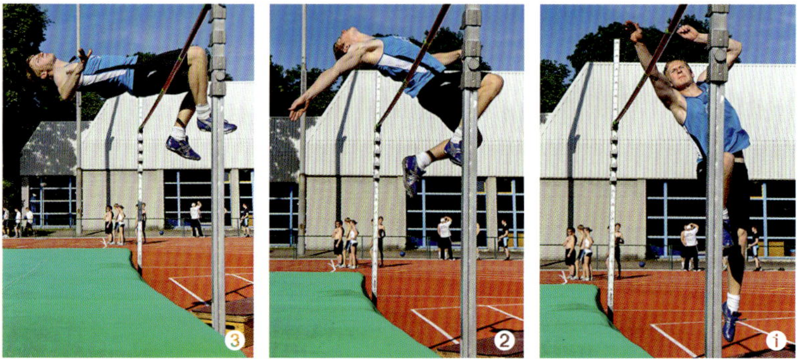

Abb. 43: Sprung aus kurzem Anlauf vom Kastenoberteil

len. Aus diesem Grund liegt der Übungsschwerpunkt auf dem Anlauf-Absprung-Komplex.

Des Weiteren kann zur Entwicklung neuer Übungsaufgaben der Ansatz des *Differenziellen forschenden Lernens* beitragen (s. Bd. 1, Kap. 1.3). Beckmann (2009) empfiehlt folgende variantenreiche Übungen: Mit langen oder schleichenden Schritten laufen, mit und ohne Armeinsatz anlaufen, in die Hochsprunglatte hinein oder von der Hochsprunglatte wegspringen oder im Flug die Beine anbücken oder angrätschen.

Selbstständig experimentieren

Das selbstständige Experimentieren fördern folgende Anregungen.

- Bin ich Links- Springer oder Rechts-Springer? Mit welchen Übungen lässt sich das Sprungbein ermitteln?
- Mit welcher Hochsprungtechnik komme ich besser zurecht?
- Mit welcher Anlauflänge und welcher Anlaufgeschwindigkeit kann ich höher springen?
- Ist für mich ein großer oder kleiner Anlaufwinkel günstiger?

5.5 Lernen und Trainieren organisieren

Ordnungsrahmen und Materialien

- Mit *großen Gruppen* an mehreren Hochsprunganlagen mit unterschiedlichen Übungshöhen, Aufgabenstellungen und Zielsetzungen üben.

Laufwege markieren!

- Wenn die Absprünge aus dem kurvenförmigen Anlauf erfolgen, dann die Laufwege und den Absprungpunkt markieren (s. Abb. 44).
- Unter *gesundheitlichem Blickwinkel* keine parallelen oder von der Hochsprunglatte zeigenden „herausdrehenden" Fußmarkierungen verwenden (Fehlbelastung des Sprung- und Kniegelenks!).
- Der Absprung erfolgt auf Höhe des 1. Drittels des anlaufseitigen Hochsprungmattenteils. Dies gewährleistet zum einen das Aufsetzen des Sprungbeinfußes in Verlängerung der Anlaufkurve. Zum anderen werden gefährliche Absprünge am Ende der Hochsprungmatte reduziert (Verletzungsgefahr!).
- Die *Landestelle auf der Hochsprungmatte* zwecks Vorgabe der diagonalen Flugrichtung markieren.

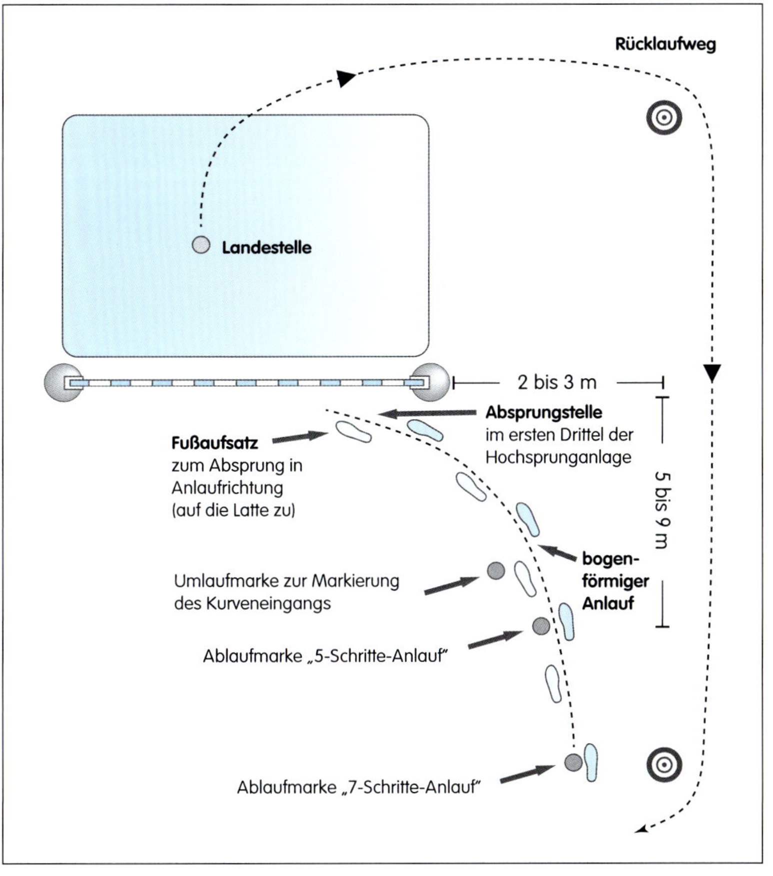

Abb. 44: Hochsprunganlage

Sicherheit

- *Hochsprungmatte*. Weicher Schaumstoff (Länge: 6 m, Breite: 3 – 4 m, Höhe: 60 cm). Die Seiten der Hochsprungmatte mit zusätzlichen Matten sichern (Lückenlose Mattenlage!). Die Landefläche muss höher als der Absprungpunkt liegen!
- Steht keine Hochsprungmatte zur Verfügung, können zwei Weichbodenmatten übereinander oder eine Weichbodenmatte auf einen Unterbau aus Gerätturnbänken und Gerätturnmatten genutzt werden (Aufbau durch seitliche Gerätturnmatten sichern!).
- *Hochsprungständer* dürfen beim „Reißen der Hochsprunglatte" nicht umkippen. Die Füße der Hochsprungständer durch Gerätturnmatten abdecken!

Sicherheitsaspekte

- Im Rahmen der Anfängerschulung elastische Sprungbänder oder „Zacharias-Bänder" verwenden. Diese Hilfsmittel schaffen Vertrauen, nehmen dem Hochspringer die Angst vor der harten Hochsprunglatte, gewährleisten die schmerzfreie Rückenlandung und reduzieren das Auflegen der Hochsprunglatte.
- Elastische Sprungbänder müssen sich bei Zug selbstständig von der Halterung der Hochsprungständer lösen, um das Umkippen der Hochsprungständer zu verhindern.
- *Anlaufbahn*. Hindernisfrei und rutschhemmend.
- *Absprungfläche*. Trocken und ohne Moos, Sand oder Schmutz.

Technik

- Den Anlauf mit dem Sprungbein von der markierten Ablaufmarke beginnen!
- „Flüssige" Verbindung des horizontalen Kurvenanlaufs und des vertikalen Absprungs. Hierbei besonders die drei letzten Schritte vor dem Absprung beachten („Tam-Taa-Tamm").
- ***Achtung!*** Flopsprünge mit beidbeinigem Absprung fördern die falsche Bewegungsvorstellung über den Absprung.

Technische Ausführung

- Entscheidend für die Verbindung von Anlauf und Absprung ist der letzte schnelle, schlagende Schritt. Den Sprungfuß (Anders als im Sprint!) über die Ferse mit der Fußsohle vollständig aufsetzen.
- *Steigesprünge* auf die Hochsprungmatte gelten als grundlegende Hochsprungübungen. Von großer Bedeutung sind die explosive Körperstreckung beim Absprung und der rechtzeitige Einsatz der Schwungelemente („Vor dem Absprung großer und gerader Oberkörper!").

Methodik

Methodische Hinweise

- Bei *niedrigen Sprunghöhen* empfiehlt sich der Schersprung. Flopsprünge führen bei geringer Ausprägung der Sprungkraftfähigkeit aufgrund der fehlenden Absprungstreckung und der kurzen Flugphase zum seitlichen „Hineinwerfen" in die Hochsprungmatte.
- Beim *Flopsprung* richtet sich das Augenmerk zunächst auf die Schulung des Anlaufs und des Absprungs, da die rückwärtige Lattenüberquerung maßgeblich durch diese beiden Teilphasen bestimmt wird.
- Individuelle Übungshöhen vorgeben, die keine maximale Hochsprungleistung erfordern.
- Zur Vermeidung der zeitaufwändigen Höhenverstellung der Hochsprunglatte in homogenen Leistungsgruppen üben.
- Im Sinne der ökonomischen Sprungfolge sollten zunächst die rechts anstehenden Athleten und anschließend die links Anstehenden springen.

5.6 Wettkämpfe

Pädagogisch orientierte Wettkampfformen

Die nachfolgend thematisierten *pädagogisch orientierten Wettkampfformen* dienen der allmählichen Hinführung des Anfängers zur normierten leichtathletischen Wettkampfform des *Hochsprungs*.

Pädagogisch orientierte Wettkampfformen

- ***Hochsprung relativ.*** Die Hochsprungleistung wird auf die individuelle Körperhöhe des Sportlers relativiert. Welcher Hochspringer erzielt die geringste Differenz zwischen der Körperhöhe und der Sprunghöhe? Wie viel Prozent der Körpergröße kann übersprungen werden?
- ***Risiko-Hochsprung***
  - Die Sportler absolvieren zunächst drei Sprünge über selbstgewählte unterschiedliche Sprunghöhen und addieren diese. Die Einstiegshöhe ist frei wählbar (Zurückgehen auf geringere Sprunghöhe nicht möglich!).
  - Anstatt wettkampfgemäßer drei Versuche pro Sprunghöhe nur einen Versuch.

- ***Vielseitigkeitshochsprung***
  - Mit drei Sprüngen des linken und rechten Beins in der Addition die größtmögliche Gesamthöhe erzielen.
  - Verschiedene Hochsprungtechniken kombinieren (z. B. Schersprung, Flopsprung, Wälzer, „Jump and Reach").
- ***Kreativ- oder Synchronhochsprünge.*** Die Jury vergibt „Stielnoten".
- ***Hochsprung aus dem Stand.*** Absprung aus dem Parallelstand oder der Schrittstellung.
- ***Teamwettkampf.*** Pro Gruppenmitglied fünf Sprungversuche. Sieger ist das Team mit der größten Gesamthöhe.

DLV Wettkampfsystem Kinderleichtathletik

Das *Hochspringen* ist ebenfalls Inhalt des *DLV Wettkampfsystems Kinderleichtathletik* (DLV, 2018; 2020).

DLV Wettkampfsystem Kinderleichtathletik

- In der Altersklasse U 8 (6–7 Jahre) wird der *Hochweitsprung an der Weitsprunggrube* absolviert. Nach begrenztem Anlauf (5 m) wird einbeinig abgesprungen, die Querlatte überwunden (Einstiegshöhe: 45 cm, Steigerung: Bis zur Höhe von 65 cm im 10-cm-Abstand, anschließend im 5-cm-Abstand) und beidbeinig in der Weitsprunggrube gelandet (Pro Höhe: 2 Versuche).
- In der Altersklasse U 10 (8–9 Jahre) wird ebenfalls der *Hochweitsprung an der Weitsprunggrube* ausgeführt. Die Einstiegshöhe beträgt 60 cm (Steigerung: Bis zur Höhe von 80 cm im 10-cm-Abstand, anschließend im 5 cm-Abstand).
- In der Altersklasse U 12 (10–11 Jahre) wird der Hochsprung an der Hochsprunganlage gefordert. Nach begrenztem Anlauf (10 m) wird einbeinig abgesprungen und ein Scherhochsprung oder Hochsprung freier Wahl realisiert (Einstiegshöhe: 75 cm, pro Höhe: 2 Versuche; Steigerung: Bis zur Höhe von 95 cm im 10-cm-Abstand, anschließend im 5-cm-Abstand). Die jeweils größte übersprungene Höhe geht in die Teamleistung ein (Summe der besten Einzelleistungen).

In den drei Altersklassen U 8 bis U 12 wird die Gesamthöhe als Team gesammelt und die Teamleistung in die Rangfolge gesetzt. In der Altersklasse U 12 sind ebenfalls Einzelwertungen möglich (DLV, 2018; 2020).

Wettkampfbestimmungen

- *Hochsprungmatte* mit einteiliger Spikeschutzmatte (Länge: 6 m, Breite: 3–4 m, Höhe: 60 cm, s. Abb. 45)
- *Hochsprunglatte*. Länge: 4 m
- *Hochsprungständer* mit verstellbarer Lattenauflage

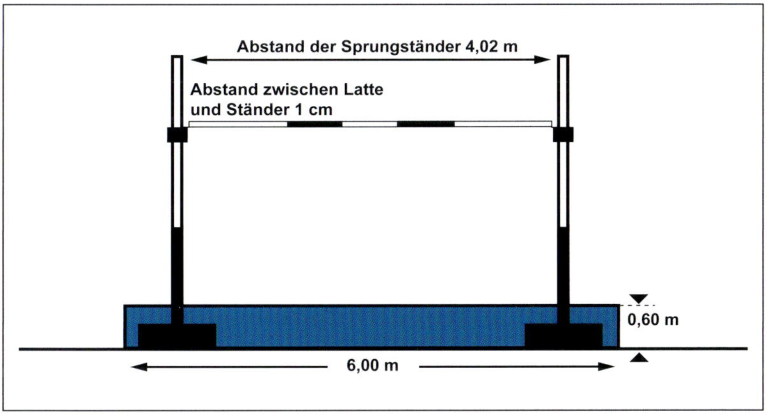

Abb. 45: Hochsprunganlage (Frontalansicht, mod. nach Haberkorn & Plaß, 1992, S. 98)

Messen der Leistung

Die Sprunghöhe wird von der Oberkante der Hochsprunglatte senkrecht zum Boden in ganzen Zentimetern gemessen.

Messen der Leistung

Hinweis: Falls keine Messlatte mit Ausleger zur Verfügung steht, muss bei der Einstellung der Sprunghöhe die Oberkante der Hochsprunglatte und die gewünschte Sprunghöhe eine horizontale Linie bilden (Bei größeren Sprunghöhen eine Trittleiter verwenden!).

Wettkampfliste und Leistungsdokumentation

Dokumentation der Leistung

Der Wettkampfverlauf wird in der Wettkampfliste mit folgenden Symbolen dokumentiert:

X = Fehlversuch

O = Übersprungen

– = Verzicht

Die *Sprunghöhe* wird in vorab festgelegten Steigerungsschritten verändert. Pro Sprunghöhe sind maximal 3 Versuche gestattet. Nach 3 Fehlversuchen hintereinander scheidet der Hochspringer aus dem Wettkampf aus. Dies muss nicht bei derselben Sprunghöhe erfolgen, da der Sportler den 2. und 3. Versuch für die nachfolgenden Sprunghöhen verwenden kann.

Bei *gleichen Leistungen* zählt die Anzahl der Fehlversuche im Rahmen der zuletzt übersprungenen Höhe. Bei gleicher Anzahl der Fehlversuche entscheidet die Gesamtzahl der Fehlversuche im Wettkampf ohne die Fehlversuche nach der letzten übersprungenen Höhe. Für beide Regeln bestimmt die geringere Anzahl der Fehlversuche die bessere Platzierung. Ist die Entscheidung auf diese Art und Weise nicht möglich, erhalten die Hochspringer denselben Rangplatz.

Ungültige Versuche

- Abwurf der Hochsprunglatte
- Absprung mit beiden Beinen
- Übertretung oder Berührung des Raums jenseits der senkrechten Lattenebene oder deren seitlichen Verlängerungen

5.7 Leseempfehlungen

Weitere Einblicke in die leichtathletische Hochsprungmethodik vermitteln die beiden Monographien von Killing *Gekonnt nach oben – Vom Anfänger bis Spitzenkönner im Hochsprung* (1995) und *Trainings- und Bewegungslehre des Hochsprungs* (2004). Empfehlenswerte methodische Lehrwege zur Aneignung des Hochsprungs in der Kinder- und Jugendleichtathletik mittels abwechslungsreicher Spiel- sowie Übungsformen präsentieren in der Zeitschrift *Leichtathletiktraining* die Artikel von Killing und Kruber (1995), Fleischmann (2004b), Mühlbach (2007), Killing (2009), Keil (2012a, b) sowie Keil und Killing (2014). Ebenfalls lesenswert sind die praxisorientierten Publikationen von Lange (1999a, b) und Gustedt (2021) zur Bewegungskorrektur.

Lese-empfehlungen

Kapitel 6

Stabspringen

6.1 Voraussetzungen schaffen

6.2 Grundlegende Technikmerkmale erkennen

6.3 Techniken aneignen, variieren und optimieren

6.4 Fehler erkennen und Übungsaufgaben entwickeln

6.5 Lernen und Trainieren organisieren

6.6 Wettkämpfe

6.7 Leseempfehlungen

Das *Getragen-Werden durch den Stab* löst bei Kindern und Jugendlichen ein besonderes, erlebnisreiches Flugerlebnis aus. Die durch den Anlauf, den Absprung und die Kraftaufwendung am Stab erzeugte Energie wird zunächst auf den Stab und anschließend auf den Körper des Stabspringers übertragen. Damit ermöglicht das Springen mit dem Stab deutlich weitere und vor allem höhere Sprünge als in den anderen leichtathletischen Sprungdisziplinen. Der *Stabhochsprung* setzt sich aus dem *leichtathletischen* (Anlauf, Einstich, Absprung) und dem *turnerischen Teil* zusammen (Absprung in den Hang am Stab, Aufschwungbewegung der Beine und Hüfte). Im *Anfängerbereich* wird das Stabspringen vielfach vernachlässigt, da diese leichtathletische Bewegungsfertigkeit als technisch ausgesprochen komplex oder gefährlich angesehen wird. Zur Vereinfachung des Bewegungsablaufs des Stabspringens kann *mit dem starren Stab* gesprungen oder das weniger komplexe *Stabweitspringen* vermittelt werden.

Leichtathletische und turnerische Anteile des Stabhochsprungs

6.1 Voraussetzungen schaffen

Das Stabspringen zählt zu den leichtathletischen Fertigkeiten mit hohen Leistungsanforderungen an die konditionellen und koordinativen Fähigkeiten. Anfänger sollten zunächst vielfältige Bewegungserfahrungen mit (starren) Stäben im Rahmen des Koordinationstrainings sammeln. Hierzu eignen sich das Sprint- und Sprung-ABC, die Mehrfachsprünge sowie die Steigesprünge (s. Kap. 2). Die Vermittlungsmethodik differenziert zwischen dem Stabspringen mit starrem Stab und dem Stabhochsprung (flexibler Sprungstab). Das *Stabspringen mit starrem Stab* stellt die *Vorstufe des Stabhochsprungs* dar. Mit starren Stäben lässt sich sowohl in die Weite als auch in die Höhe springen.

Grundlegende Sprint- und Sprungübungen

Das *Stabspringen mit starrem* Stab bietet jeder Alters- und Könnensstufe nachhaltige Bewegungserlebnisse, da selbst der starre Stab als Hebelwerkzeug und Bewegungshilfe lange Flugphasen ermöglicht. Das *Stabhochspringen* charakterisieren der dynamische Anlauf mit rhythmischer Schrittfrequenz und die Übertragung der Anlaufgeschwindigkeit in die Stabaufrichtung. Leistungsbestimmend ist die zweckmäßige Körperhaltung in den Phasen der Stabaufrichtung und der Lattenüberquerung. Der Landung kommt eine untergeordnete Funktion zu, da der Stabhochspringer lediglich den freien Fall abbremsen und verletzungsfrei landen muss. Im *Anfängerbereich* stehen das Stabhandling, das Stabweitspringen, das Stabhochspringen mit starrem Stab und turnerische Vorübungen im Vordergrund des Trainings.

Anfängerschulung

Stabhandling

- Die dominante Hand bestimmt die Sprungseite und das Sprungbein.
- Rechtshänder greifen den Sprungstab mit der rechten Hand am oberen Ende in Reichhöhe (s. Abb 46; Linkshänder umgekehrt!).
- Die *obere Hand* greift den Stab im *Kammgriff* senkrecht über dem Kopf und die *untere Hand* im *Ristgriff* in Kopfhöhe vor dem Körper (Abstand der Hände: Mindestens schulterbreit, s. Abb. 47).
- Die *Griffweite* wird wie folgt bestimmt: Den Sprungstab derart auf die Schulter legen, dass die obere Griffhand den Stab in Schulternähe fasst. Die untere Hand greift weit nach vorn, bis das Ellbogengelenk annähernd gestreckt ist (Czingon, 2010).
- Rechtshänder springen mit dem linken Bein ab und schwingen auf der rechten Stabseite vorbei (Linkshänder umgekehrt!).

Stabhandling

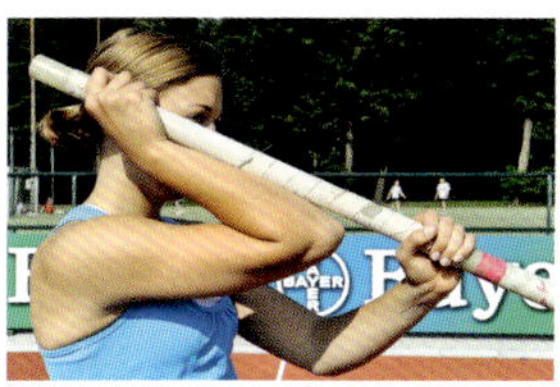

Abb. 46: Stab greifen

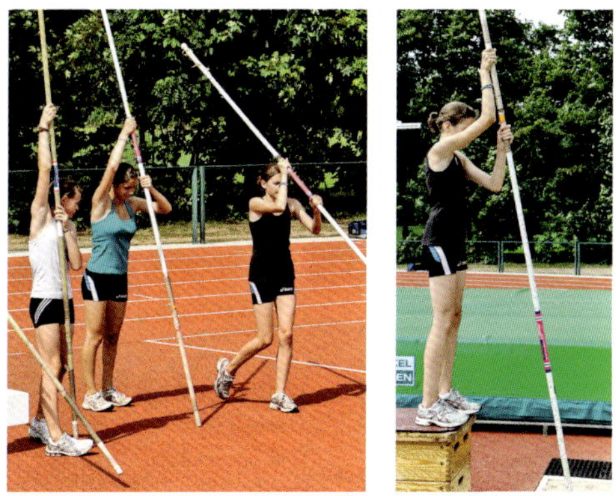

Abb. 47: Griffhöhe finden

Erste Sprünge mit starrem Stab

Die Grundlage für die Stabhochsprungtechnik bilden vielfältige Sprungerfahrungen mit starren Stäben aus dem Angehen oder dem kurzen Anlauf zur Gewöhnung an die Hebelwirkung des Stabs (Haberkorn & Plaß, 1992; Zeuner et al., 2010).

Erste Sprünge mit starrem Stab

- Mit dem Stab in der Vorhalte auf dem Rasen vom Stabgehen und Stabwandern zum Springen aus dem 3-Schritt-Anlauf (Sporthalle: Übungsbahn aus Gerätturnmatten).
- Niedersprünge mit dem Stab in der Vorhalte vom Längskasten in die Weitsprunggrube oder auf die Weichbodenmatte.

Folgende Aspekte müssen bei den Vorübungen beachtet werden.

- Geeignete Griffhöhe bestimmen.
- *Langer Griffarm*. Den oberen Arm „lang lassen“ und den Oberkörper an den Stab heranführen. Der Stab richtet sich umso leichter auf, desto steiler der Stab steht und je tiefer der Körperschwerpunkt des Sportlers liegt!
- Die obere Hand befindet sich hinter dem Stab.

Vorübungen

- Der Stabeinstich erfolgt in Laufrichtung. Die Absprungstelle und der Einstichpunkt liegen auf einer Geraden, so dass der Absprung senkrecht unter der griffhöheren Hand erfolgt.
- Der Sportler hängt „langgestreckt“ am Stab. Das Schwungbein wird im Kniegelenk horizontal spitzwinklig fixiert. Die Landung erfolgt beidbeinig oder auf dem Absprungbein.
- Den Griff nicht lockern und die Griffhand nach der Landung nicht lösen (Hexenritt: Obere Griffhand während der Landung lösen!).

Stabgehen

- Beim ***Stabgehen*** den Stab in Reichhöhe mit der oberen Hand fassen, durch einen kraftvollen Vorwärtsschritt abdrücken und auf dem Absprungbein landen (s. Abb. 48).

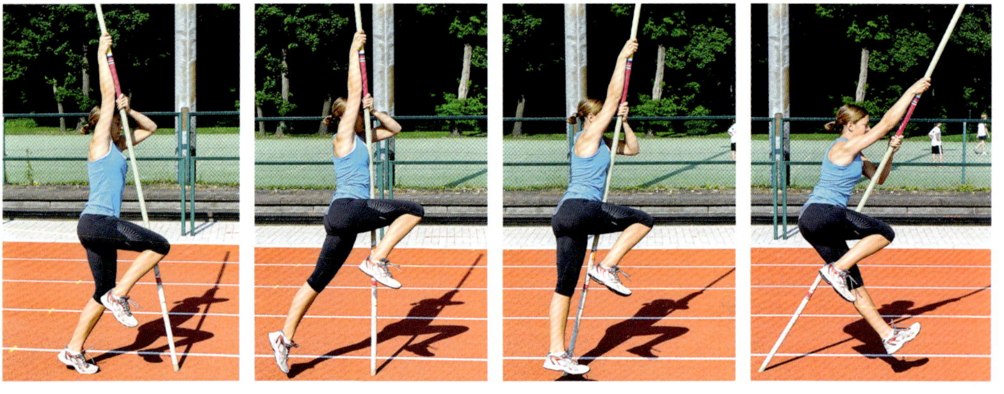

Abb. 48: Stabgehen

Stabwandern

- ***Stabwandern.*** In einen auf dem Rasen (Laufbahn) liegenden Gymnastikreifen „einstechen“ und über den Reifen im Hexenritt oder am Stab vorbeispringen (s. Abb. 49). In der Sporthalle auf der Übungsbahn aus Gerätturnmatten in der Mattenmitte „einstechen“ und über die Gerätturnmatten springen (Wer rechts oben greift, springt rechts am Stab vorbei!).
- ***Kleine Sprünge aus dem 3-Schritt-Anlauf*** über oder auf Hindernisse schulen den dynamischen Absprung nach vorn.

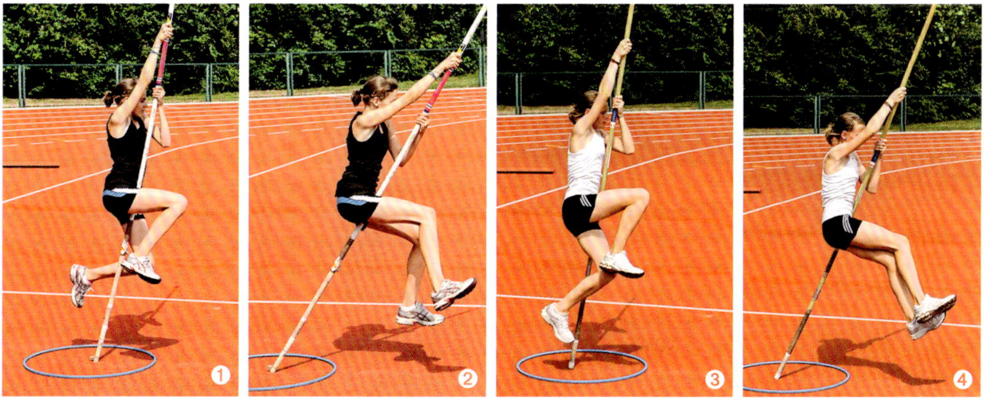

Abb. 49: Stabwandern im Hexenritt (1, 2) und am Stab vorbei (3, 4)

Erstes Fluggefühl beim „Springen“ vom hohen Längskasten

Niedersprünge von erhöhten Absprungstellen = „Runter Springen“

In der Sporthalle oder an der Weitsprunggrube können zwei hintereinander gestellte hohe Längskästen als Kastensteg verwendet werden. In der *Sporthalle* dient die Gerätturnmatte als Einstichhilfe, gelandet wird auf der Weichbodenmatte. An der *Weitsprunggrube* wird als Einstichhilfe ein 20 bis 30 cm tiefes Sandloch genutzt und in der Weitsprunggrube gelandet. Die obere (rechte) Hand fasst den Stab reichhoch. Die untere (linke) Hand befindet sich auf Kopfhöhe. Anfänger greifen den vom Trainer oder Lehrer gehaltenen Stab in Reichhöhe, um Hilfestellungen zu ermöglichen (z. B. Stabführung, s. Abb. 50).

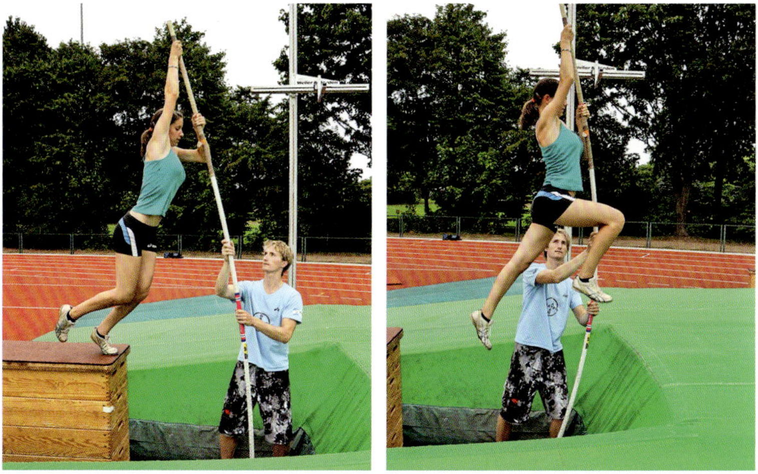

Abb. 50: Sprung vom Längskasten mit Hilfestellung

- ***Hexenritt aus dem Stand*** mit beidbeinigem Absprung (Griff: Reichhoch und „Brust zum Stab").
- ***Hexenritt aus der Schrittstellung*** (Rechtshänder: Absprung mit dem linken Bein. Griff: Handbreit höher!, s. Abb. 51).

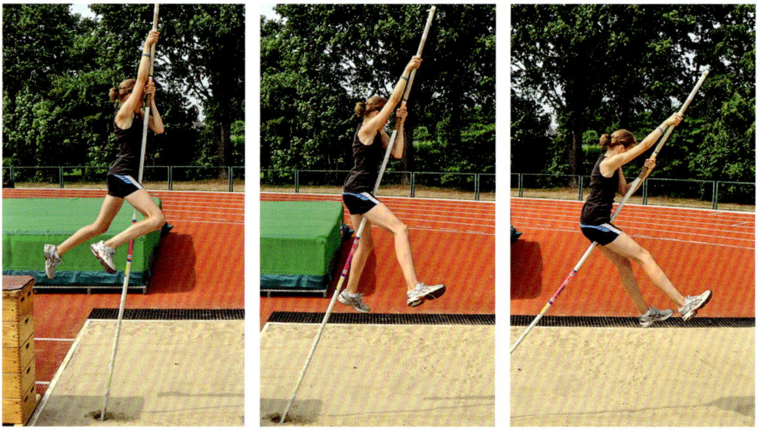

Variationen des Hexenritts

Abb. 51: Hexenritt vom Längskasten

- ***Hexenritt mit kurzem Anlauf*** (2–3 Schritte; Griff: 20 cm über Reichhöhe!).
- ***Sprung am Stab vorbei mit Auftaktschritt*** (2–3 Anlaufschritte oder verlängerter Anlauf. Griffhöhe anpassen und direkt am Stab vorbeischwingen!, s. Abb. 52).

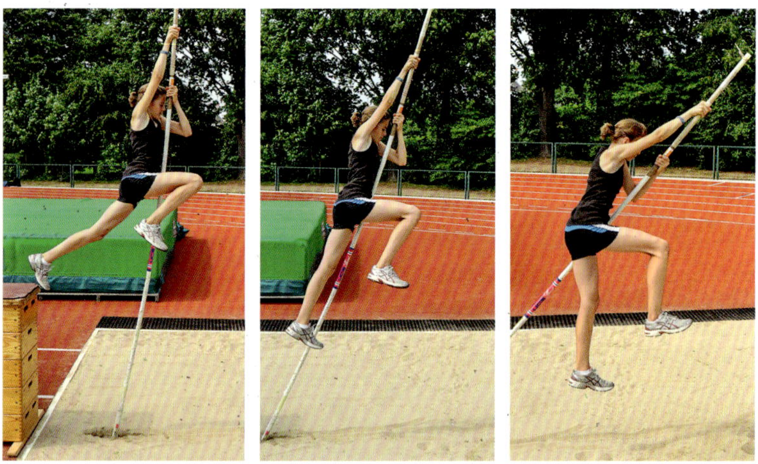

Am Stab vorbei vom Längskasten

Abb. 52: Am Stab vorbei vom Längskasten

Turnerische Vorübungen

Ergänzende turnerische Vorübungen

Die turnerischen Elemente des Stabhochsprungs werden zum einen am Boden (z. B. Rolle vorwärts und rückwärts, Handstand, Handstand-Abrollen) oder am Tau geübt (z. B. schwingen, hochklettern, Tau anspringen, Körper „aufrollen"). Zum anderen erstreckt sich das Spektrum der variantenreichen turnerischen Vorübungen vom Schwingen am Tau von Längskasten zu Längskasten über das Überqueren von „Gräben" oder „Sümpfen" von erhöhten Absprungpunkten bis zum Anspringen frei hängender Taue. Bei den Tauübungen muss die Sprungseite und das Absprungbein vorab festgelegt werden (s. Abb. 53).

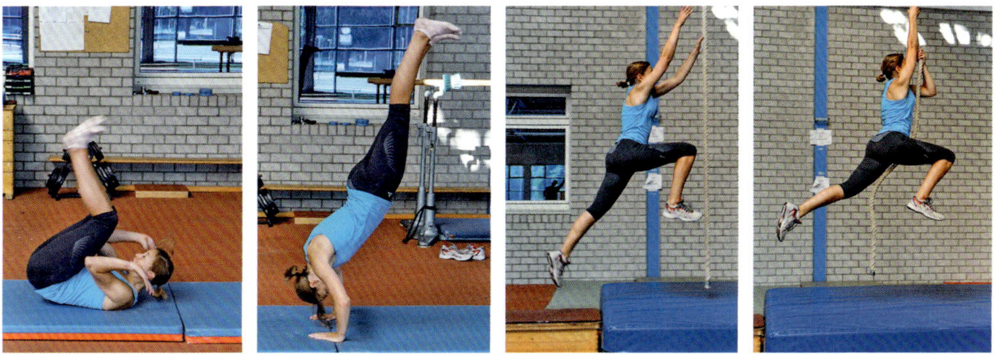

Abb. 53: Rolle rückwärts durch den Handstand und das Tau „anspringen"

Aufrollen

An der Reckstange oder am Barrenholm können Aufrollübungen und Unterschwünge verbunden mit ½-Drehungen um die Körperlängsachse oder über Höhenorientierer geschult werden (z. B. elastisches Sprungband, Gymnastikstab, hoch gehaltene Hochsprunglatte, s. Abb. 54).

Hochreck und Sprossenwand

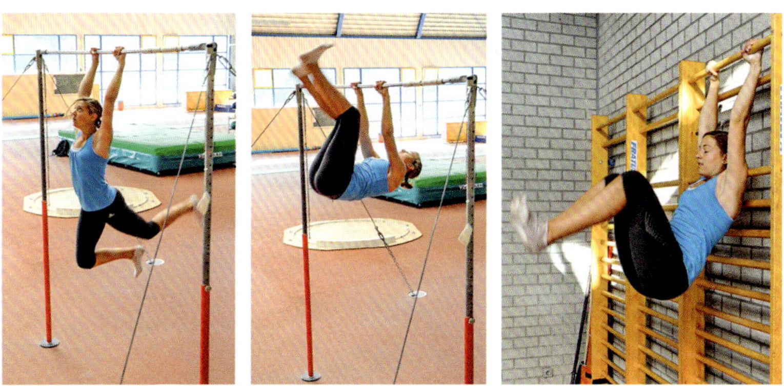

Abb. 54: Aufrollen am Hochreck und an der Sprossenwand

6.2 Grundlegende Technikmerkmale erkennen

Der *Stabhochsprung mit starrem Stab* stellt die weniger komplexe, kostengünstige Variante und methodisch-didaktische Vereinfachung des Stabhochsprungs mit flexiblen Sprungstäben dar. Die *vereinfachte Variante* des *Stabhochsprungs* gliedert sich in vier Bewegungsphasen: Anlauf, Stabeinstich und Absprung, Flug sowie Landung (s. Abb. 55).

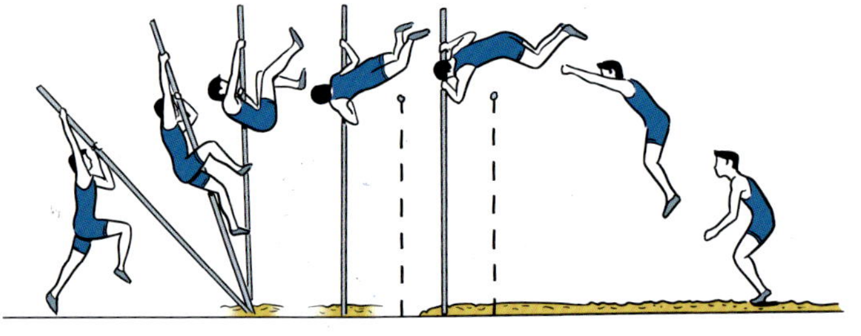

Vereinfachte Stabhochsprungtechnik am starren Stab

Abb. 55: Stabhochsprung ohne Stabbiegung

Anlaufphase

Anlauf

Der Anlauf (mind. 10–12 Schritte) dient der Entwicklung der optimalen Anlaufgeschwindigkeit und der Vorbereitung des Stabeinstichs mit Absprung. Während des *1. Anlaufabschnitts* (5–6 Schritte) trägt der Stabhochspringer den Stab neben dem Oberkörper. Beide Ellbogen befinden sich am Oberkörper, die Stabmitte vor der Körpermitte und die rechte Hand in Höhe des Beckenkamms. Die Stabspitze wird mit im Ellbogengelenk rechtwinklig gebeugten Armen über Körperhöhe angehoben und die Laufgeschwindigkeit mit aufrechter Oberkörperhaltung sowie akzentuiertem Kniehub bis zum Absprung gesteigert. Der 2. *Anlaufabschnitt* (5–6 Schritte) dient der Vorbereitung des Stabeinstichs und des Absprungs. Während der letzten drei Schritte leitet die Absenkung der Stabspitze den *Stabeinstich* ein. Der Stabhochspringer trägt den Stab ruhig und ohne Pendelbewegung seitlich „vor-hoch" über dem Kopf.

Einstichphase und Absprungphase

Der aktiv greifende Absprung erfolgt mit der Brust zum Stab senkrecht unter der Mitte des Griffabstands. Vergleichbar zum Weitsprung

(s. Kap. 4) muss der Sportler die große Anlaufgeschwindigkeit in die „vorwärts-aufwärts“ gerichtete Abfluggeschwindigkeit umwandeln. Die Bewegungsrichtung weist gegen den Stab, so dass zusätzliche Bewegungsenergie entsteht. Als wesentliche Voraussetzungen gelten: Technisch korrekte Griffhöhe, Stabeinstich in Laufrichtung, oberer Arm im Ellbogengelenk gestreckt und der Oberkörper am Stab. Die Arme werden fixiert, indem der im Ellbogengelenk gestreckte obere Arm am Stab zieht und der untere Arm am Stab drückt. Das im Kniegelenk gestreckte *Absprungbein* zeigt zur Absprungstelle und befindet sich in senkrechter Verbindungslinie zum rechten Arm. Das *Schwungbein* bleibt im Kniegelenk gebeugt.

Einstechen und Abspringen

Flugphase

Flug

Turnerischer Teil

Die Flugphase besteht aus verschiedenen Aktionen am Stab und während der Lattenüberquerung. Die *Stabaktionen* stellen den *turnerischen Teil des Stabhochsprungs* dar. Der Stab wird zunächst aufgerichtet, indem der Stabhochspringer ein langes Pendel mit Vorspannung der Rumpfvorderseite unter Rückhaltung des Sprungbeins erzeugt (tiefer Körperschwerpunkt, „C-Position“). Nach der Stabaufrichtung folgt der *schnelle Aufschwung* (Linksspringer: Rechts am Stab vorbei!) durch das *Einrollen des Oberkörpers* (kurzes Pendel, „L-Position“), die *Hüftstreckung mit Armzug* („I-Position“), den *Drehumstütz* (gleichzeitiges Drehen um den Stab und Stützen am Stab!) und den *Abstoß des Sportlers vom Stab*. Der untere Arm löst sich zuerst vom Stab. Anschließend erteilt der obere Arm dem Körper des Stabhochspringers den Abdruckimpuls vom Stab. Die *Lattenüberquerung* erfolgt bäuchlings in der Bogenform, indem der Athlet die Beine nach der Lattenüberquerung im Hüftgelenk beugt.

Anfänger

Fortgeschrittene

Im *Anfängerbereich* ermöglichen die kurze Bewegungszeit und die fehlende oder geringe Stabbiegung das nur geringfügig akzentuierte Einrollen und das horizontale Verlassen des Stabs. *Fortgeschrittene* realisieren das Einrollen dynamischer und die „L-Position“ ermöglicht das vertikale Verlassen des Stabs.

Landephase

Landung

Nach der Lattenüberquerung wird die Drehung um die Körperbreitenachse fortgesetzt, um verletzungsfrei auf den Füßen oder dem Rücken sowie den Schultern zu landen.

Zusammenfassend kennzeichnen den Stabhochsprung folgende Technikmerkmale.

Leistungsdifferenzen zwischen besseren und schlechteren Stabspringern

- Realisierung der hohen in den Absprung und die Stabaufrichtung umsetzbaren Anlaufgeschwindigkeit.
- Vorbereitung des Stabeinstichs und des Treffens der Absprungstelle.
- Technisch korrektes Festhalten am Stab mittels Ziehen und Drücken der Arme mit „langem Pendel" unter Zurückhaltung des Sprungbeins.
- Geübte Stabhochspringer laufen schnell an und übertragen die horizontale Bewegungsgeschwindigkeit effizient auf den Stab.
- Die Anlauflänge und die Landung zählen zu den variabel und individuell ausgestalteten Merkmalen des Stabhochsprungs.

6.3 Techniken aneignen, variieren und optimieren

Das Stabspringen kennzeichnet die große Bewegungskomplexität und die hohe Bewegungsorganisation. Dies bedeutet, dass zahlreiche motorische Anforderungen – Anlauf, Absprung, Flug und Landung – schnell hintereinander *(Bewegungskomplexität)* sowie verschiedene Bewegungsteile – Abspringen und Festhalten am Stab – gleichzeitig realisiert werden müssen *(Bewegungsorganisation)*. Aus diesem Grund empfiehlt sich die Zergliederung der Teilbewegungen des Stabspringens hinsichtlich der Bewegungslänge und der Bewegungsbreite (s. Bd. 1, Kap. 1.3).

Methodische Leitlinien zur Aneignung des Stabspringens

Bewegungszergliederung „von der Mitte nach außen"

Die Vermittlung des Stabspringens folgt der *hierarchischen Funktionsphasengliederung* nach Göhner (1976; 1979), bei der das Stabspringen nach der Bedeutung der Teilabschnitte für das Erreichen des Bewegungsziels Hochspringen von der Bewegungsmitte nach außen unterteilt wird. Vertraut wird den *Vereinfachungsprinzipien der Verkürzung der Bewegungslänge* (Reduzierung der Bewegungskomplexität) und der *Verringerung* der *Bewegungsbreite* (Vereinfachung der Bewegungsorganisation, s. Bd. 1, Kap. 1.3). Das *„Fliegen"* zählt neben dem *Absprung* zu den zentralen Teilen der *unabhängigen Hauptfunktionsphase*. Die zeitgleich zur Hauptfunktionsphase ablaufende *unterstützende Hilfsfunktionsphase* vermittelt spezielle Körperbewegungen in der Flugphase. Mit dem Abbau der Absprungerleichterung nimmt die Bedeutung der Absprungphase zu, die durch das *Anlaufen* ergänzt wird

Vereinfachungsprinzipien

(vorbereitende Hilfsfunktionsphase). Anfänger werden beim Stabspringen vielfach durch die große Bewegungsgeschwindigkeit und den großen Krafteinsatz überfordert, so dass die zusätzliche Anwendung des *Vereinfachungsprinzips der Veränderung der variablen Bewegungsparameter* sinnvoll erscheint (Erleichterung der situativen Bedingungen, s. Bd. 1, Kap. 1.3). Die Vereinfachung der situativen Bedingungen durch Veränderung der variablen Bewegungsparameter betreffen das „Fliegen" (Getragen-Werden), das Abspringen und „Fliegen" sowie das Anlaufen und Abspringen. Als bewährte methodische Maßnahmen gelten erhöhte Absprungstellen (z. B. Längskasten) und starre Stäbe. Der Lernprozess orientiert sich an folgenden methodischen Leitlinien.

Leitlinien zur Aneignung des Stabhochspringens

- Die *Sprungrichtung* verläuft zunächst *von oben nach unten* (Sprung vom hohen Längskasten auf die Weichbodenmatte oder in die Weitsprunggrube) und anschließend waagerecht (Stabweitsprung). Wenn der Anfänger die vereinfachten Sprünge beherrscht, dann folgt das *Springen von unten nach oben* (über flache Hindernisse!), bei denen die Schwerkraft als Lernhilfe genutzt wird (Czingon, 2014).
- Im Vordergrund steht die Übung des „Sich-Tragen-Lassens" durch den Stab, ergänzt durch den Absprung und das Anlaufen.
- Das „Sich-Tragen-Lassen" erfordert den festen Griff und das „Körper-an-den-Stab-bringen" zur Sicherung der Stabaufrichtung. Dies setzt den Einsatz der erhöhten Absprungstelle voraus.
- Von besonderer Bedeutung sind die Umsetzung der Anlaufgeschwindigkeit in den Absprung, die Stabaufrichtung und das „in-die-Weite-Springen".
- Die Anlaufverlängerung und die Umlenkung der horizontalen Sprungrichtung in die Vertikale steigern die motorischen Anforderungen.

Der methodische Einstieg in das Stabspringen lässt sich folgendermaßen gliedern.

Methodische Übungsreihe

„Einfrier"-Sprünge
vom hohen und mittleren Längskasten

Sprünge vom flachen Längskasten mit ½-Drehung

Stabtrageübungen mit Imitation des Stabeinstichs

Stabweitspringen aus dem Anlauf in die Weitsprunggrube

Stabhochspringen in die Weitsprunggrube

Stabhochsprung an der Stabhochsprunganlage

Die methodische Schulung des Stabspringens beginnt mit Sprungübungen am starren Stab in die Weitsprunggrube, indem einerseits Niedersprünge („Einfrieren“, Drehung) und andererseits das Anlaufen, den Stabeinstich und das „in die Weite-Springen“ thematisiert werden.

„Einfrier-Sprünge“ vom hohen und mittleren Längskasten

Vom „Runter Springen“ zum „Rüber Springen“

„Einfrier“-Sprünge vom hohen Längskasten

- ***Aus der Schrittstellung abspringen.*** Die Abdruckstelle befindet sich am Ende des hohen Längskastens und die Einstichstelle 50 bis 60 cm vor dem Kastenende. Der Stab wird mit im Ellbogengelenk gestrecktem rechten Arm ca. 20° zum Längskasten geneigt. Nach dem Abdruck vom Kastenende zeigt das im Kniegelenk gestreckte Sprungbein nach hinten. Das Schwungbein wird horizontal fixiert (s. Abb. 56) und der rechte Arm mit Bewegungsbeginn gestreckt. Die *Telemark-Landung-Haltung* erfolgt „am langen Arm hängend“ in die Weitsprunggrube oder auf der Weichbodenmatte. Unterschiedliche Höhen des Längskastens ermöglichen die Veränderung der Absprunghöhe. Der Trainer und der Lehrer können die Stabführung unterstützen.

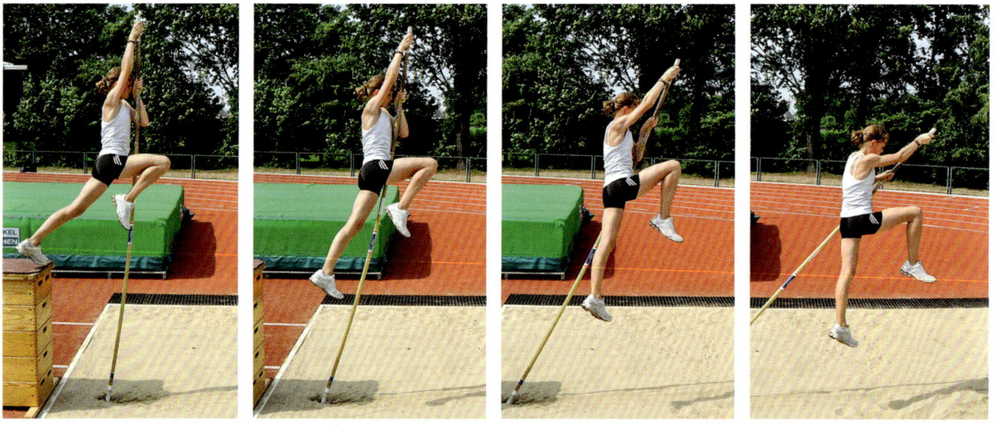

Abb. 56: „Einfrier“-Sprung

- Aus zwei Angehschritten mit Niedersprung in die Weitsprunggrube oder auf die Weichbodenmatte. Die Einstichstelle befindet sich ca. 1 m vor dem Kastenende und die Absprungstelle am Kastenende (Griffhöhe in Schulterhöhe!). Der rechte Arm bleibt während der Bewegung im Ellbogengelenk gestreckt (Nicht veränderte Absprungposition!). Der Trainer und der Lehrer können die Stabführung in den ersten Übungsversuchen unterstützen.

Sprünge vom flachen Längskasten mit ½-Drehung

„Runter Springen“ vom flachen Längskasten

Die Sprünge vom flachen Längskasten erfolgen aus dem Angehen mit dem Stab in der Hochhalte.

- Sprünge mit ½-Drehung am Stab vorbei (Wer rechts oben greift, springt rechts am Stab vorbei!, s. Abb. 57).

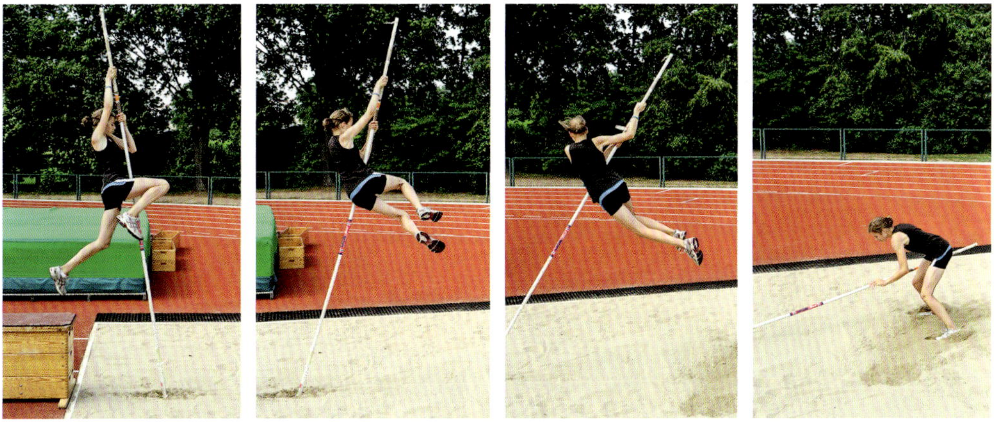

Abb. 57: Sprung vom flachen Längskasten mit ½-Drehung

… zurerst auf Weite, dann auf Höhe

- Sprünge am Stab vorbei über Weiten- und Höhenorientierer (z. B. Flatterband, s. Abb. 58). Zu Beginn flach und weit entfernt zur Einstichstelle, mit zunehmender Übung höher sowie näher zur Einstichstelle!

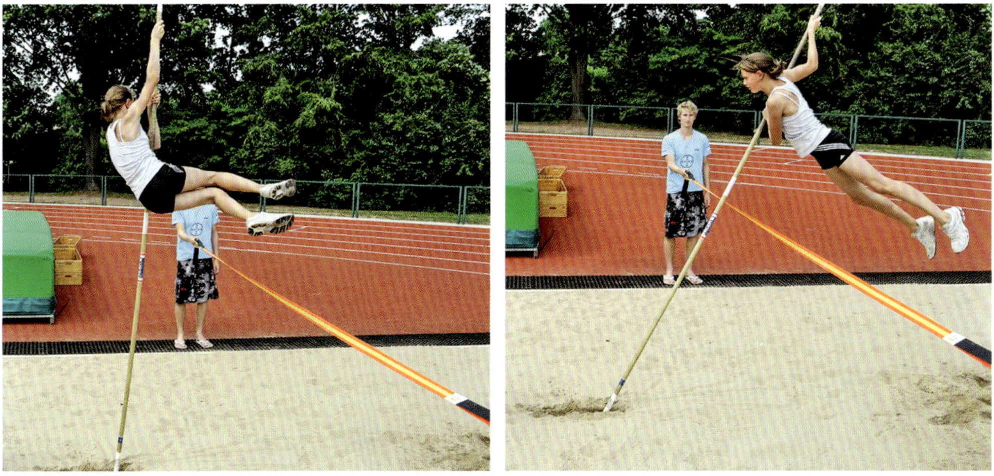

Abb. 58: Sprung vom Längskasten über Höhenorientierer

Stabtrageübungen mit Imitation des Stabeinstichs

- Den Stab beim Anlauf in der Hochhalte über oder vor dem Kopf tragen und im Übungsverlauf auf der Schulter der Griffseite sowie in der Seithalte (s. Abb. 59).

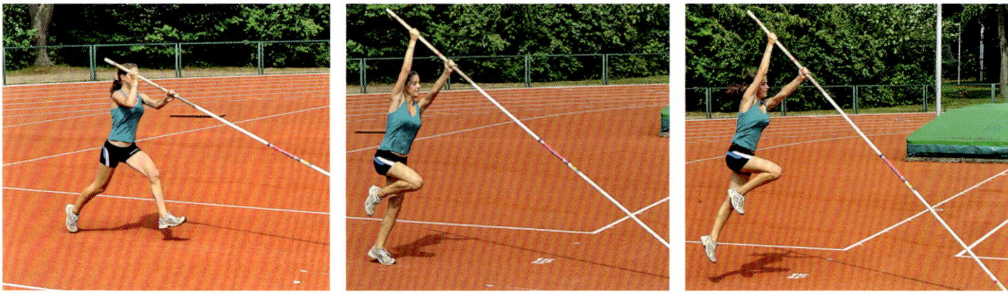

Abb. 59: Tragen und Einstechen des Stabs

Tragen und Einstechen des Stabs

- Den Stab aus der Schrittstellung (Vorgestelltes Sprungbein!) mit beiden Armen vor dem Kopf tragen und nach „vorn-oben“ in die Absprungposition strecken. Der Absprung erfolgt gegen den Stab.

„Rüber Springen“

- ***Die Anlauf-Einstich-Koordination***. Der Stabeinstich erfolgt während der letzten drei Anlaufschritte durch die Absenkung der Stabspitze. Der Stab wird seitlich „vor-hoch“ bis über den Kopf geführt (s. Abb. 60). Der 3-Schritt-Anlauf kann aus dem Stand (Im langsamen Gehen den Stab senken!) und aus dem langsamen Antraben im 3-Schritt-Rhythmus erarbeitet werden.

Stabweitspringen aus dem Anlauf in die Weitsprunggrube

- ***3- bis 5-Schritt-Anlauf.*** Verknüpfung von Anlauf mit dem Stab und Absprung gegen den Stab (Czingon, 2014).
- ***Anlauf mit 5 bis 7 Schritten.*** Die Griffhöhe der rechten Hand beträgt maximal 30 cm über Reichhöhe. Den senkrecht stehenden Stab mit der linken Hand in maximaler Reichhöhe und mit der rechten Hand eine Unterarmlänge höher fassen!
- Das Tragen und das Einstechen des starren Stabs in die Weitsprunggrube (als Einstichkasten) zunächst vereinfachen. Im weiteren Übungsprozess die Anlauf-Einstich-Koordination hinzunehmen.
- Den Stab mit Beginn des Anlaufs in der Hochhalte über oder vor dem Kopf tragen.

Anlauf-Einstich-Koordination

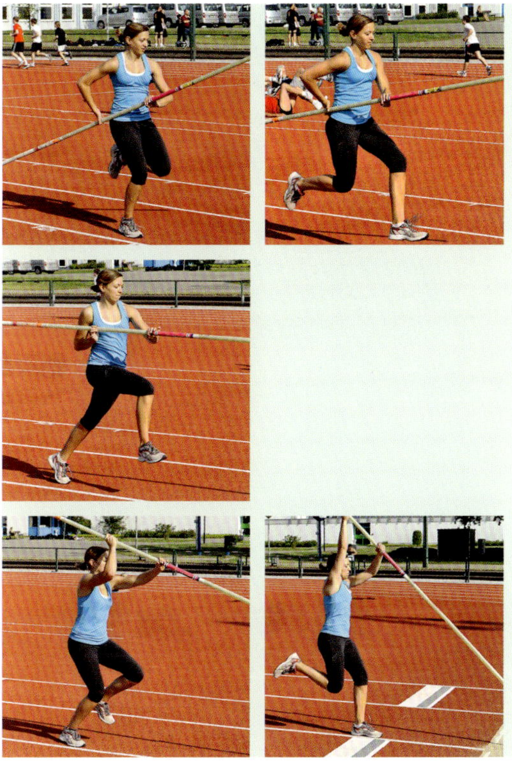

1. Schritt (links)
Stab über Hüfthöhe anheben.

2. Schritt (rechts)
Stab eng am Körper nach oben führen.

3. Schritt (links)
Stab mit den Händen nach oben und vor den Körper führen.

Abb. 60: Anlauf-Einstich-Koordination mit 3-Schritt-Anlauf

- Den Stab über den Boden schieben und im 2-Schritt-Rhythmus in die Sandgrube einstechen. In der Ausgangsstellung befindet sich der Stab auf der rechten Schulter und während des vorletzten (rechten) Bodenkontakts auf Augenhöhe. Im Verlauf des letzten (linken) Bodenkontakts erfolgt die Streckung des rechten Arms im Ellbogengelenk.

- Den Stab während des Anlaufs neben dem Körper tragen. Im Verlauf des vorletzten (rechten) Bodenkontakts den Stab auf Augenhöhe anheben und beim letzten (linken) Bodenkontakt mit dem rechten Arm die aktive „Vor-hoch"-Bewegung realisieren. Der linke Arm folgt dem rechten, sobald dieser den linken Arm überholt.

Die Verwendung der *Einstichzone* (20–30 cm tiefes Sandloch) empfiehlt sich dann, wenn der Stabeinstich zu weit vor der Absprungstelle erfolgt und der Stab keine hinreichende Aufrichtung erfährt.

- Stabweitsprünge mit Landung in Schrittstellung in der Weitsprunggrube

- Stabweitsprünge mit ½-Drehung (s. Abb. 61) oder zusätzlich über das vom Einstichloch weit entfernt gespannte elastische Sprungband (Geringe Höhe!)

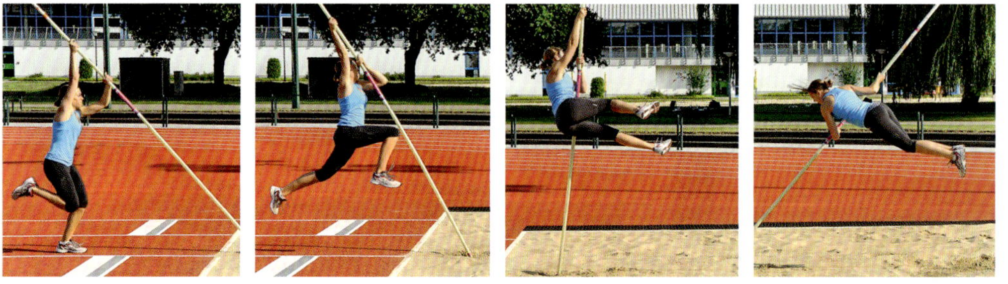

Abb. 61: Stabweitsprung mit ½-Drehung

Stabhochspringen in die Weitsprunggrube

- Übergang vom Stabweitspringen zum Stabhochspringen, indem das elastische Sprungband zum Einstichloch verlagert und erhöht wird (s. Abb. 62).

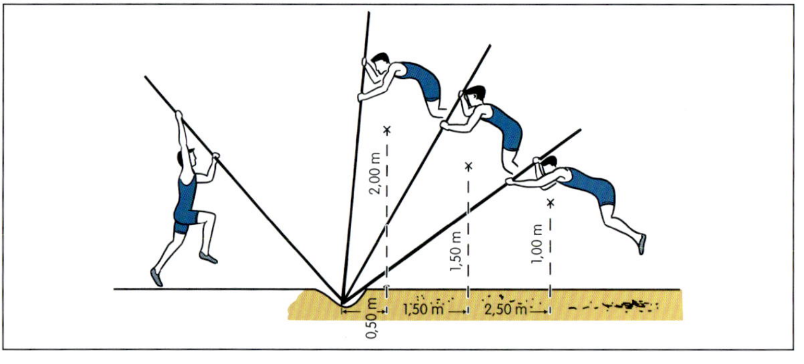

Abb. 62: Vom Stabweitsprung zum Stabhochsprung. Zunächst geringe Höhe (1 m) und weit entfernt zur Einstichstelle (Abstand: 2,50 m), im Übungsverlauf höher (2 m) sowie näher zur Einstichfläche (50 cm)

- Schulung des Loslassens oder Zurückwerfens des Stabs.

„Raufspringen"

- Zur Schulung der „flüssigen" Gesamtbewegung mit großer Sprunggeschwindigkeit zunächst die Einstichstelle und den Lattenabstand weiter entfernt wählen und im Übungsverlauf den Anlauf schrittweise verlängern (s. Abb. 62). Voraussetzung: Beherrschung des Schrittrhythmus, des Stabeinstichs und der „explosiven" Absprungstreckung!

Stabhochsprung an der Stabhochsprunganlage

- Imitationsübungen aus dem Stand, Gehen, Traben und schnellem Anlauf ohne oder mit Absprung zur Gewöhnung an den Einstichkasten der Stabhochsprunganlage
- Stabhochsprung auf die Stabhochsprungmatte mit Kontrolle der Landung (Rückenlage, Seitlage, Bauchlage)
- Stabhochsprung mit ½-Drehung über das elastische Sprungband mit Landung auf der Stabhochsprungmatte (Großer Abstand zum Einstichkasten!)

6.4 Fehler erkennen und Übungsaufgaben entwickeln

Die Übungsaufgaben zum Stabspringen sollten drei wesentliche Aspekte berücksichtigen. Zum einen können die strukturellen Technikmerkmale des Stabspringens dem Anfänger durch *Bewegungskorrekturen* veranschaulicht werden. Zum anderen fördern die Variation der Bewegungsausführung und das *selbstständige Experimentieren* die Aneignung sowie die Optimierung des Stabspringens.

Beobachten und Korrigieren

Selektives Sehen

Knotenpunkte erfassen

Im Rahmen der Beobachtung und der Korrektur des Stabspringens mit starrem Stab sowie des Stabhochsprungs mit flexiblem Sprungstab sollten die technikrelevanten idealtypischen Phasen sowie die Knotenpunkte der Bewegungsausführung im Mittelpunkt stehen. Von besonderer Bedeutung ist das selektive Sehen, d. h. die Konzentration auf die Schlüsselsequenzen des Bewegungsablaufs („Was ist wichtig?"). Des Weiteren kann die fehlerzentrierte Beobachtung sinnvoll sein („Was ist falsch?", Hommel & Killing, 2007). Folgende Aspekte sind bei der Wahl der Beobachtungsstandorte bedeutsam (Hommel & Killing, 2007).

Beobachtungsstandorte

- Im rechten Winkel zum Absprungpunkt stehen.
- Alternativ ist die Ansicht von hinten sinnvoll, so dass Abweichungen der Schulterachse und Hüftachse kontrolliert werden können.
- Hinreichend Abstand zum Stabhochspringer einnehmen, um den Bewegungsablauf vollständig zu erfassen.

Anlaufen und Tragen lassen

Anfänger halten den Stab vielfach fehlerhaft und verkrampft, so dass die koordinierte Laufbewegung verhindert wird. Des Weiteren wird das beschleunigende Anlaufen dann beeinträchtigt, wenn sich die Hände und der Stab quer zur Laufrichtung befinden. Dies bedingt zu lange oder zu kurze Schritte. Zur *Fehlerbehebung* kann der Anlauf mit dem Stab aus dem Stand über das Gehen zum Laufen geschult werden (Czingon, 2010).

Einstich-Absprung-übungen

Weitere auffällige Bewegungsfehler bestehen darin, dass ungeübte Sportler vor dem Absprung abbremsen oder den Stab nicht über den Kopf, sondern seitlich über der Griffschulter halten. In diesem Fall eignen sich zunächst Einstich-Absprung-Übungen an der Weitsprunggrube und anschließend in den Einstichkasten an der Stabhochsprunganlage im Stand, aus dem Gehen und dem Kniehebelauf sowie aus verschiedenen Anlauflängen.

Aufschwung-übungen mit langem Pendel

Problembehaftet ist des Weiteren das ungewohnte „Tragen lassen" durch den Stab. Anfänger lassen vielfach das „Hängenlassen am Stab unter Rückhaltung des Sprungbeins" vermissen (langes Pendel, „C-Position") und ziehen sich stattdessen mit der Klimmzugbewegung sowie gebeugtem Kniegelenk am Stab hoch. Bei derartigen Fehlerbildern erscheinen Sprünge mit langem „Hängen am Stab" und variierenden Griffhöhen sinnvoll. Verkürzte Anläufe mit geringerer Griffhöhe erleichtern die Verknüpfung von Anlauf und Absprung. Darüber hinaus helfen Tausprungübungen (z. B. aus 3 Schritten das Tau anspringen und die Absprungposition fixieren, s. Abb. 63, Bild 1 u. 2) oder Sprünge mit Stabbiegung in die Weitsprunggrube (s. Abb. 63, Bild 3).

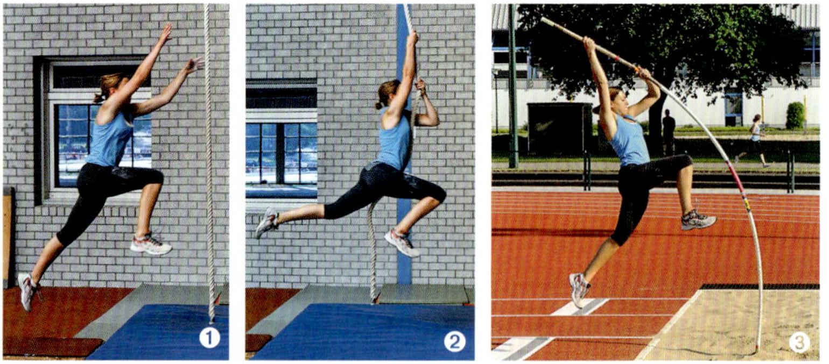

Abb. 63: Sprungübungen am Tau mit fixierter Absprungposition (1, 2) und an der Weitsprunggrube mit Stabbiegung (3)

Aufrollen und Aufschwingen

Der Sportler trägt den Stab über oder vor dem Kopf und springt aus dem kurzen Anlauf auf die Stabhochsprunganlage (3–6 Schritte).

Aufroll- und Aufschwung-übungen

- In die „L-Position" einrollen (Sprungbeinknie zur oberen Griffhand!).
- Einrollen mit Hüftstreckung in die „L-Position" und Landung auf dem Rücken mit Griff am Stab.
- Einrollen, Hüftstreckung und Drehumstütz.

Stabhochsprünge aus verkürztem Anlauf

- Mit kurzem Anlauf über das elastische Sprungband oder die Stabhochsprunglatte.
- Aus verlängertem Anlauf mit fester Ablaufmarke.

Anregungen zum selbstständigen Experimentieren

...aus verkürztem Anlauf

- ***Anlauf.*** Variation der Anlauflänge und der Laufgeschwindigkeit.
- Vergleich von Sprüngen mit und ohne Kreuzkoordination.
- „Wer sich sicher ist, kann den Stab ein oder zwei Handbreiten höher greifen!"
- Durch den *gleichseitigen Stabhochsprung* wird die klassische Festlegung außer Kraft gesetzt, dass die obere Griffhand und das Sprungbein diagonal gegenüber liegen müssen. Diese Variante kann unter dem Fokus des differenziellen Lernens sinnvoll sein, um fehlerhafte Bewegungsautomatismen aufzubrechen (Czingon, 2011).

6.5 Lernen und Trainieren organisieren

Ordnungsrahmen und Materialien

- In der Sporthalle können *provisorische Stabhochsprunganlagen* aus mehreren Weichbodenmatten übereinander aufgebaut und seitlich mit Gerätturnmatten gesichert werden (s. Abb. 64). Als Einstichfläche dienen quer zur Anlaufrichtung angeordnete Gerätturnmatten, auf denen der Stab nicht verrutscht.

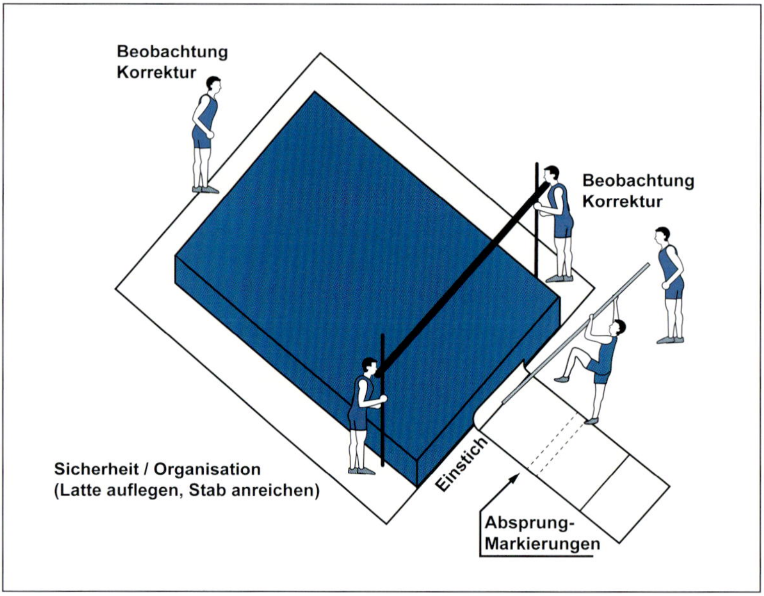

Abb. 64: Provisorische Stabhochsprunganlage in der Sporthalle (Geräteaufbau und Übungsablauf)

- Die *Weitsprunggrube* stellt in mehrfacher Hinsicht die ideale Einstich- und Landefläche dar. Die Vorteile des Übens an der Weitsprunggrube liegen zum einen in der frei wählbaren Einstichfläche begründet (Tiefe des Sandlochs: 20–30 cm). Zum anderen bremst der Stab während des Einstechens nicht plötzlich ab, sondern gibt durch den weichen Sand allmählich nach. Dies verhindert das ängstliche Ausweichen und ermutigt die Anfänger zum „beherzten" Springen gegen den Stab.

- Für die ersten Sprünge mit dem Stab eignen sich Holzstäbe oder Bambusstäbe aus dem Baumarkt (Ø: 4–5 cm) oder abgebrochene, speziell zugesägte Stabhochsprungstäbe (Stabspitze mit aufgestecktem Tennisball schützen!).

- Das Stabmaterial und die Griffhöhen unterscheiden sich in der Kinder- und Jugendleichtathletik deutlich vom Erwachsenenbereich. Für die *Altersklasse U 8* (6–7 Jahre) wird eine Stablänge von maximal 2 m empfohlen. In der *Altersklasse U 10* (8–9 Jahre) können Stäbe bis zu einer Länge von 2,30 m und ab der *Altersklasse U 12* (10–11 Jahre) zwischen 2,30 m und 2,50 m verwendet werden (Ø: 2,9–3,1 cm). Bei der Stabauswahl die Körpergröße und das Körpergewicht der Athleten beachten. (Imhof & Ullrich, 2015).

Sicherheit

- Den Stab mit beiden Händen festhalten!
- Zunächst mit dem niedrigen Griff beginnen. Wenn der Stab zu hoch gegriffen wird, dann besteht die Gefahr, dass sich der Stab nicht aufrichtet und der Sportler auf den Absprungpunkt zurückfällt.
- *Nieder- und Stabweitsprünge*. Den Griff am Stab erst nach der Landung lösen.
- *Hexenritt*. Die obere Griffhand während der Landung lösen.

Sicherheitsaspekte

- In der Sporthalle verwendete provisorische Stabhochsprunganlagen an den Randbereichen mit Gerätturnmatten sichern!
- Die *Landefläche* muss in Relation zur Sprunghöhe hinreichend groß und weich sein.
- Die *Stützstelle* oder *Einstichstelle* muss einen großen Widerstand oder eine hinreichende Reibung aufweisen, damit der Stab während des Sprungs nicht wegrutscht.
- An der *Weitsprunganlage* erfolgt die Landung auf beiden Füßen und auf der *Weichbodenmatte* im Sitzen oder auf dem Rücken. *Fußlandungen* führen aufgrund des starken Einsinkens in die Weichbodenmatte zu Verletzungen!
- Der Trainer steht seitlich am Einstichkasten auf der „Sprungbeinseite" des Stabhochspringers (Sicherheits- oder Hilfestellung). Folgende Bewegungsunterstützungen sind möglich:
  - *Unterstützender Griff am Stab*. Bei Linksspringern greift die linke Hand des Trainers den Stab und die rechte Hand schiebt an der Hüfte des Sportlers.
  - *Nachschieben*. An der Schulter oder der Hüfte des Athleten.
  - *Landung*. Zug am Stab.

Technik

- Das „lange Pendel" fördert das Tiefhalten des Körperschwerpunkts, um die Stabaufrichtung zu begünstigen. Dieses wird ermöglicht, indem der obere Arm länger im Ellbogengelenk gestreckt wird und das Sprungbein nach dem Absprung länger hinter dem Körper des Sportlers verbleibt.
- Für die *Höhengewinnung* sind das Einrollen und das Aufschwingen in die „L-Position" bedeutsam. Aus diesem Grund muss besonders

im Anschluss an die Stabaufrichtung das explosive Schleudern der Beine nach „vorn-oben“ geschult werden.

- Hinsichtlich der *Hüftannäherung an den Stab* hilft der Hinweis „Direkt am Stab vorbeischwingen“, um die seitliche Stabbewegung zu vermeiden.

Technische Ausführung

- Im *Anfängerbereich* kann die horizontale Lage des Oberkörpers in der „L-Position“ und die nachfolgende Streckung in die „I-Position“ nicht vorausgesetzt werden (Streckung der Beine senkrecht zum Stab nach oben).

- Technisch korrekt ausgeführte *Drehumstütze* (Zug-Druck-Arbeit beider Arme und Drehung um die Körperlängsachse) können anhand der Kriterien „Brust zur Latte“ während der Überquerung und „Blick zum Anlauf“ nach der Landung beurteilt werden.

- Das *Lösen vom Stab* (Abstoßen) am Ende der Stabphase dient der Vermeidung von Fehlsprüngen und ist für die Bewegungsausführung von nachrangiger Bedeutung.

Methodik

- Die Leistungsanforderungen nach und nach steigern!

- *Methodischer Leitfaden:* „Vom Runterspringen über Rüberspringen zum Raufspringen“. Dies bedeutet, dass die Sprungrichtung zunächst von „oben nach unten“ verläuft (z. B. Sprung vom hohen Längskasten auf die Weichsprungmatte), anschließend waagerecht (Stabweitsprung) und zuletzt von „unten nach oben“ (z. B. über flache Hindernisse).

Methodische Hinweise

- *Anfänger* üben das Stabhochspringen zunächst an der Weitsprunggrube, indem das elastische Sprungband zur Einstichfläche verlagert und erhöht wird. Im Verlauf des Übungsprozesses springen die Sportler auf die Stabhochsprungmatte und über das weit entfernt zum Einstichkasten gespannte elastische Sprungband (½-Drehung zur Überquerung!).

- Das Stabweitspringen an der Weitsprunggrube erfolgt aus 4 bis 6 Anlaufschritten mit energischer Absprungbewegung und Streckung der rechten Körperseite nach „vorn-oben“. Nach dem Absprung werden die Beine nach „vorn-oben“ zur Landung geführt (Vergleichbar zum Weitsprung!, s. Kap. 3).

6.6 Wettkämpfe

Pädagogisch orientierte Wettkampfformen

Die nachfolgend skizzierten *pädagogisch orientierten Wettkampfformen* dienen der schrittweisen Hinführung des Anfängers zur normierten leichtathletischen Wettkampfform des Stabhochsprungs.

Pädagogisch orientierte Wettkampfformen

Kleine Wettkämpfe an der Weitsprunggrube

- *Stabweitspringen in Zonen*. „Wer schafft die weiteste Zone ohne und mit Drehung?“
- *Stabhochspringen*. Über das elastische Sprungband oder die Hochsprunglatte.

Stabhochsprung relativ. Die Griffhöhe am Stab wird auf die erreichte Sprunghöhe relativiert. „Wer hat die geringste Differenz oder schafft die Überhöhung?“

Einstiegsmeister. Die Athleten wählen die Anfangshöhe so hoch wie möglich. Gewonnen hat derjenige Sportler, der im Rahmen der Addition der Einstiegs- und Endhöhe die größte Gesamtsumme erzielt.

DLV Wettkampfsystem Kinderleichtathletik

Das *Stabspringen* ist ebenfalls Inhalt im *DLV Wettkampfsystem Kinderleichtathletik* (DLV, 2018; 2020).

DLV Wettkampfsystem Kinderleichtathletik

- In der Altersklasse U 8 (6–7 Jahre) erfolgt der *Stabsprung an der Weitsprunggrube*. Nach begrenztem Anlauf (5 m) sticht der Sportler den Stab in die vorgegebene Zielfläche (Gymnastikreifen) und springt einbeinig am Stab ab. Die Landung erfolgt hinter der vorgegebenen Markierung (Linie). Mit jedem Durchgang vergrößert sich die zu überwindende Distanz. Fehlerfreie Sprünge über die Markierung: 1 Punkt.
- In der Altersklasse U 10 (8–9 Jahre) wird der *Stabweitsprung an der Weitsprunggrube* gefordert. Nach begrenztem Anlauf (10 m) wird der Stab in die vorgegebene Zielfläche (Gymnastikreifen) gestochen, am Stab einbeinig abgesprungen und sich „tragen gelassen“. Die Landung erfolgt beidbeinig mit paralleler Fußstellung oder in der Schrittstellung. Ziel ist es, so weit wie möglich zu springen (Zonenbreite: 25 cm; Zone 1: 1 Punkt, Zone 2: 2 Punkte usw.).

- In der Altersklasse U 12 (10–11 Jahre) absolvieren die Athleten den *Stabweitsprung an der Weitsprunggrube mit exakter Weitenmessung*.

In den drei *Altersklassen U 8 bis U 12* werden die Gesamtpunkte und Gesamtweiten als Team gesammelt und die Teamwertungen in die Rangfolge gesetzt. In der Altersklasse U 12 sind Einzelwertungen möglich (DLV, 2018; 2020).

Wettkampfbestimmungen

Stabhochsprungmatte

Stabhochsprungmatte (Mindestmaße, Länge: 5 m, Breite: 5 m, Höhe: 80 cm) mit zwei Ausschnitten für die Stabhochsprungständer, zwei abgeschrägten Sicherheitskeilen seitlich des Einstichkastens (Länge: 2 m) und einteiliger Spikesschutzmatte (s. Abb. 65 u. 66).

Einstichkasten

Einstichkasten (Länge: 100 cm, Breite: 60 cm, Höhe: 22,4 cm). Die sogenannte Null-Linie verläuft in seitlicher Verlängerung der oberen Innenkante des Einstichkastens und reicht über die Außenkanten der Stabhochsprungständer hinaus. Die Stabhochsprungständer sind ab der Null-Linie in Sprungrichtung 80 cm verschiebbar. Der Metallstift (Länge: max. 7.5 cm) an den Auslegern der Stabhochsprungständer dient als Lattenauflage (Aufleger).

Stabhochsprunglatte. Länge: max. 4,52 m, Gewicht: max. 2,25 kg

Anlaufbahn. Länge: mindestens 45 m

Aufsicht

Stabhochsprunganlage

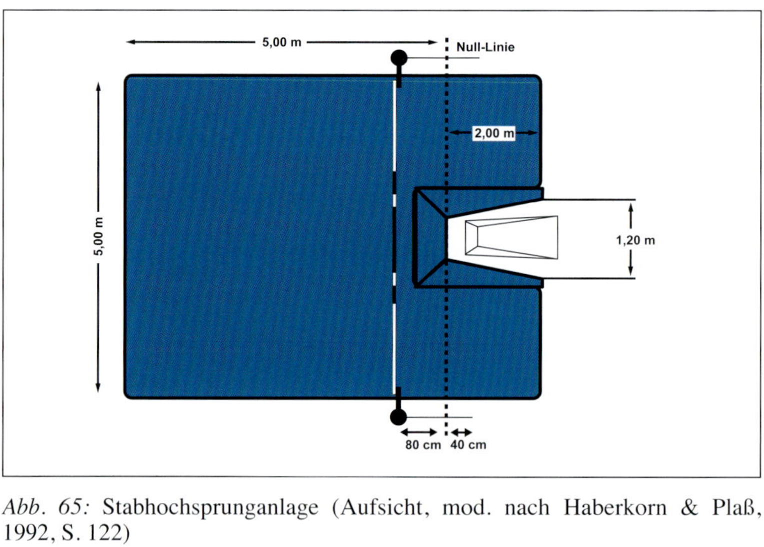

Abb. 65: Stabhochsprunganlage (Aufsicht, mod. nach Haberkorn & Plaß, 1992, S. 122)

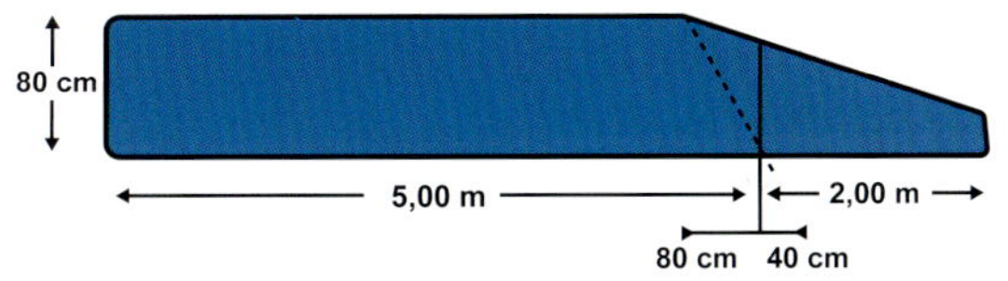

Abb. 66: Stabhochsprunganlage (Seitenansicht, mod. nach Haberkorn & Plaß, 1992, S. 122)

Messen der Leistung

Die *Höhenmessung* erfolgt mit einer speziellen Messlatte von der Oberkante der Hochsprunglatte senkrecht zum Boden.

Wettkampfliste und Leistungsdokumentation

Dokumentation der Leistung wie beim Hochsprung

Die Dokumentation des Wettkampfverlaufs und der Sprunghöhen sowie die Ermittlung der Rangfolge erfolgt wie beim *Hochsprung* (s. Kap. 5.6).

Ungültige Versuche

Ungültige Versuche

- Abwurf der Stabhochsprunglatte durch den Athleten oder den Sprungstab (Fällt der Sprungstab nach dem Überspringen unter der Stabhochsprunglatte durch, ohne dass diese gerissen wird, ist der Versuch gültig!).
- Hochsprunglatte liegt nicht mehr auf den Auflegern.
- Berührung des Bereichs hinter der Null-Linie mit dem Sprungstab oder dem Körper des Sportlers nach abgebrochenem Versuch.
- Übergreifen und Höhergreifen mit der oberen Griffhand während des Sprungs.
- Stabhochsprungstab wird zurückgehalten (Betreuer), um den Abwurf der Stabhochsprunglatte zu verhindern.

6.7 Leseempfehlungen

Lese-empfehlungen

Weitere Einblicke in die Vermittlung des Stabspringens geben Czingon (2011) sowie Imhof und Ullrich (2015). Zentrale Trainingsinhalte zur Optimierung des komplexen Bewegungsablaufs im Stabhochsprung thematisiert Czingon (2010; 2016).

Literatur

Arbeitsgemeinschaft der Regelkommission von DLV, FLA, ÖLV und SwA, Hartz, K. (Red.). (2022/2023). *Internationale Wettkampfregeln (IWR)* (Ausgabe 2022–2023). Kaiserslautern: Tailor & Partner.

Baltes, P. B. (1990). Entwicklungspsychologie der Lebensspanne: Theoretische Leitsätze. *Psychologische Rundschau, 41,* 1-24.

Baltes, P. B. (1997). Die unvollendete Architektur der menschlichen Ontogenese: Implikationen für die Zukunft des vierten Lebensalters. *Psychologische Rundschau, 48,* 191-210.

Bar-Or, O. (1986). *Die Praxis der Sportmedizin in der Kinderheilkunde.* Heidelberg: Springer.

Beckmann, H. (2009). Differenziell Springen. Sprünge durch vielfältige Variationen erlernen. *Sportpädagogik, 33* (3-4), 59-63.

Beckmann, H. (2011a). Erfahrungs- und problemorientiert vermitteln im Bewegungsfeld „Laufen, Springen, Werfen". *sportunterricht, 60* (2), 34-37.

Beckmann, H. (2011b). Weitspringen erfahren und verstehen – ‚lohnende' Probleme für den Unterricht in der Sekundarstufe. *Lehrhilfen für den Sportunterricht, 60* (3), 1-4.

Beckmann, H., Welminski, D. & Schöllhorn, W.I. (2008). Differenzielles Lernen in der Leichtathletik – Techniktraining in der Leichtathletik. In D. Lühnenschloß & P. Wastl (Hrsg.), *Quo vadis olympische Leichtathletik?* (S. 195-208). Hamburg: Czwalina.

Crasselt, W. (1994). Somatische Entwicklung. In J. Baur, K. Bös & R. Singer (Hrsg.), *Motorische Entwicklung. Ein Handbuch* (S. 106-125). Schorndorf: Hofmann.

Czingon, H. (2010). Das kleine ABC mit dem Stab. *Leichtathletiktraining, 21* (8), 26-31, (9-10), 46-53.

Czingon, H. (2011). Springen mit starren Stäben. Teil 1 und Teil 2. *Leichtathletiktraining, 22* (8), 26-31, (11), 24-28.

Czingon, H. (2014). Meilensteine auf dem Weg zur Spitze im Stabhochsprung. Teil 1 und Teil 2. *Leichtathletiktraining, 25* (9-10), 14-20, (12), 20-27.

Czingon, H. (2016). Geräte im Stabhochsprung zielgerichtet einsetzen. *Leichtathletiktraining, 27* (6), 22-27, (11), 30-35.

Czingon, H. (2017). Trainingsbausteine für die Sprungdisziplinen. Teil 1 und 2. *Leichtathletiktraining, 28* (7), 26-33, (8), 30-34.

Dethlefsen, B., Eberle, F., Gierz, M., Hiller, H., Kucera, J., Liedtke, W., Scheel, St., Scholz, U., Wojciechowski, T. & Zink, W. (2011). *Rahmenlehrplan Kindersportschule.* Schorndorf: Hofmann.

Deutscher Leichtathletik Verband [DLV] (Hrsg.). (2008). *Jugendleichtathletik-Sprung. Rahmentrainingsplan des Deutschen Leichtathletik-Verbandes für die Sprungdisziplinen im Aufbautraining.* Münster: Philippka.

Deutscher Leichtathletik Verband [DLV] (Hrsg.). (2012). *Jugendleichtathletik-Sprint. Rahmentrainingsplan des Deutschen Leichtathletik-Verbandes für die Sprintdisziplinen im Aufbautraining.* Münster: Philippka.

Deutscher Leichtathletik Verband [DLV] (Hrsg.). (2017). *Grundlagentraining (Jugendleichtathletik U 12 – U 18). Offizieller Rahmentrainingsplan des Deutschen Leichtathletik-Verbandes für das Grundlagentraining.* Münster: Philippka.

Deutscher Leichtathletik Verband [DLV] (Hrsg.). (2018). *Kinderleichtathletik (Altersklassen U8–U12). Offizieller Rahmentrainingsplan des Deutschen Leichtathletik-Verbandes für das Grundlagentraining* (5., vollständig überarbeitete und erweiterte Auflage.) Münster: Philippka.

Deutscher Leichtathletik Verband [DLV] (Hrsg.). (2020). *Wettkampfsystem Kinderleichtathletik*. Darmstadt: DLV.

Diekmann, W. & Letzelter, M. (1987). Stabilität und Wiederholbarkeit von Trainingszuwachs durch Schnelligkeitstraining im Grundschulalter. *Sportwissenschaft, 17,* 280-293.

Elbe, J. (1998). Den Dreisprung im Schüleralter vorbereiten. Teil 1, 2, 3 und 4. *Leichtathletiktraining, 9* (8), 24-25, (9-10), 46-50, (11), 26-29, (12), 16-19.

Elbe, J. (1999). Zur Rhythmisierungsfähigkeit im Dreisprung. *Leichtathletiktraining, 10* (2-3), 17-19.

Fetz, F. (1982). *Sportmotorische Entwicklung. Theorie und Praxis der Leibeserziehung*. Wien: Österreichischer Bundesverlag.

Fleischmann, R. (2004a). Mit Methode Weitspringen. *Leichtathletiktraining, 15* (1-2), 37-41.

Fleischmann, R. (2004b). Mit System zur Floptechnik. *Leichtathletiktraining, 15* (10-11), 38-43.

Frey, G., Hildenbrandt, E. & Kurz, D. (1995). *Laufen, Springen, Werfen*. Hamburg: Rowohlt.

Göhner, U. (1975). Lehren nach Funktionsphasen I und II. *Sportunterricht, 1,* 45-50.

Göhner, U. (1979). *Bewegungsanalysen im Sport*. Schorndorf: Hofmann.

Gustedt, C. (2015). Mehr erreichen bei den Mehrfachsprüngen. Teil 1 und 2. *Leichtathletiktraining, 26* (4), 34-38¸ (5), 34-39.

Gustedt, C. (2016). Mit Gerätehilfen die Weitsprungleistung verbessern. *Leichtathletiktraining, 27* (2-3), 54-59.

Gustedt, C. (2019). Auf Fehlersuche – Teil 2. Die häufigsten Fehler im Weitsprung und wie sie korrigiert werden können. *Leichtathletiktraining, 30* (6), 38-45.

Gustedt, C. (2021). Auf Fehlersuche – Teil 3. Die häufigsten Fehler im Hochsprung und wie sie korrigiert werden können. *Leichtathletiktraining, 32* (2-3), 40-46.

Haberkorn, Ch. & Plass, R. (1992). *Spezielle Didaktik der Sportarten: Leichtathletik I (Didaktische Grundlagen – Lauf) und II (Sprung-Wurf-Stoß)*. Frankfurt: Diesterweg-Sauerländer.

Haupt, B. (2017a). (In die Weite) Springen und Werfen in Klasse 5 und 6. Möglichkeiten kompetenzorientierten Unterrichtens. *Sportunterricht, 66* (4), 113-119.

Haupt, B. (2017b). Planung und Gestaltung des Unterrichtsvorhabens „Weitspringen" in Klasse 6. *Lehrhilfen für den sportunterricht, 66* (4), 1-6.

Hommel, H. & Killing, W. (2007). Sprünge beobachten und analysieren. *Leichtathletiktraining, 18* (11), 4-16.

Hücklekemkes, J. (2011). So organisieren Sie ihr Hallentraining. *Leichtathletiktraining, 22* (4, Teil 5: Sprung), 12-16.

Hücklekemkes, J. (2020). Sprünge für alle. Teil 1 und 2. *Leichtathletiktraining, 31* (9-10), 46-52, (11), 34-38.

Hurrelmann, K. (2004). *Lebensphase Jugend* (7. Aufl.). Weinheim: Juventa.

Hutt, E. (2010). Drei Sprünge – dreifacher Spaß. *Leichtathletiktraining 21* (5), 20-28.

Imhof, W. & Ullrich, D. (2015). Schon die Jüngsten wollen Stabhochspringen. Leichtathletiktraining, 26 (6), 26-31.

Katzenbogner, H. (2001). In die Weite springen. *Leichtathletiktraining, 12* (8), 22-29.

Katzenbogner, H. (2012). So lernen die Kleinsten das Mehrfachspringen. *Leichtathletiktraining, 23* (4), 28-33.

Keil, J. (2012a). Schritt für Schritt in die Höhe. *Leichtathletiktraining, 23* (2-3), 37-45.

Keil, J. (2012b). Wie aus dem Rückwärtssprung ein Flop wird. *Leichtathletiktraining, 23* (5), 31-39.

Keil, J. (2013). Sprünge gezielt vorbereiten. Teil 1 und 2. *Leichtathletiktraining, 24* (6), 4-11, (7), 14-21.

Keil, J. & Killing, W. (2014). Vom Hocksprung zum Speedflop. Teil 1 und 2. *Leichtathletiktraining, 25* (6), 10-17, (7), 22-27.

Killing, W. (1995). *Gekonnt nach oben – Vom Anfänger zum Spitzenkönner im Hochsprung*. Münster: Philippka.

Killing, W. (2003a). Richtig abheben will gelernt sein! *Leichtathletiktraining, 14* (2-3), 18-22.

Killing, W. (2003b). Der Sprunglauf – eine universelle Vorbereitung. *Leichtathletiktraining, 14* (2-3), 52-56.

Killing, W. (2004). *Trainings- und Bewegungslehre des Hochsprungs*. Köln: Sport & Buch Strauß.

Killing, W. (2006). „Sprunghaft" die Leistung steigern. *Leichtathletiktraining, 17* (5), 4-7.

Killing, W. (2008). *Leistungsreserve Springen. Handbuch des Sprungkrafttrainings für alle Sportarten*. Münster: Philippka.

Killing, W. (2009). Hoch – Höher – Hochsprung. *Leichtathletiktraining, 20* (2-3), 35-41.

Killing, W. (2019). Auf dem Sprung. *Leichtathletiktraining, 30* (11), 34-38.

Killing, W. & Kruber, D. (1995). Eine „neue" Anfängermethodik für den Flop. Teil 1 und Teil 2. *Leichtathletiktraining, 6* (8), 3-15, (11), 3-6.

Klee, A. & Wiemann, K. (2012). Dehnen. Schorndorf: Hofmann.

Klimmer, H. & Wujak, B. (1994). Motorisches Lernen und Fehlerkorrektur (Teil 1 und 2, Weitsprung). *Leichtathletiktraining, 5* (4), 4-11, (5), 11-16.

Knapp, U. (2008). Das Einmaleins des Weitsprungs. *Leichtathletiktraining, 19* (9-10), 28-34.

Knapp, U. & Rudziok, J. (2012). Vom In-die-Weite-Springen zum Weitsprung. *Leichtathletiktraining, 23* (2-3), 12-19.

Knauer, A. & Mallow, J. (2005). Einfach trainieren. *Leichtathletiktraining, 16* (11), 19-21.

Kruber, D. (1998). Kleine Methodik für Weitsprunganfänger. *Leichtathletiktraining, 9* (12), 4-11.

Lange, M. (1999a). Der Flop – Ein Übungskatalog. Teil 1, 2 und 3. *Leichtathletiktraining, 10* (4), 4-10, (5), 34-37, (6), 12-19.

Lange, M. (1999b). Der Fußaufsatz – Fehler sehen und korrigieren. *Leichtathletiktraining, 10* (10-11), 53-57.

Lütgeharm, R. (2011). Weite Sprünge im Parcours. *Leichtathletiktraining, 22* (11), 12-15.

Lütgeharm, R. (2020). Springen und Landen lernen. Teil 1 und 2. *Leichtathletiktraining 31* (1), 15-21, (2-3), 22-27.

May, R. (2009). Das „AB,C“ der Leichtathletik. Teil 1 bis 4. *Leichtathletiktraining, 20* (3), 4-11, (4), 4-8, (5), 18-21, (8), 12-15.

Möckelmann, H. & Schmidt, D. (1952/1981). *Leibeserziehung und jugendliche Entwicklung* (9. Aufl.). Schorndorf: Hofmann.

Mühlbach, T. (2007). Bausteine für das richtige Floppen. *Leichtathletiktraining, 18* (8), 20-27.

Neumaier, A. & Mechling, H. (1994). Taugt das Konzept „koordinativer Fähigkeiten“ als Grundlage für sportartspezifisches Koordinationstraining? In P. Blaser, K. Witte & C. Stucke (Hrsg.), *Steuerungs- und Regelvorgänge der menschlichen Motorik* (S. 207-212). Sankt Augustin: Academia.

Olivier, N., Marschall, F. & Büsch, D. (2008). *Grundlagen der Trainingswissenschaft und -lehre*. Schorndorf: Hofmann.

Oltmanns, K. (2006). Die Basis des Springens. *Leichtathletiktraining, 17,* 22-25.

Oltmanns, K. (2008). Das methodische Übungsnetz für den Sprunglauf. *Leichtathletiktraining, 19* (4), 30-39

Oltmanns, K. (2014). Kleine Sprünge – Große Wirkung. *Leichtathletiktraining, 25* (9-10), 40-43.

Roth, K. & Kröger, C. (2015). *Ballschule – Ein ABC für Spielanfänger* (5. Aufl.). Schorndorf: Hofmann.

Roth, K. & Roth, H. (2009). Entwicklung motorischer Fertigkeiten. In J. Baur, K. Bös, A. Conzelmann & R. Singer Hrsg.), *Handbuch Motorische Entwicklung* (S. 227-247). Schorndorf: Hofmann.

Roth, K. & Winter, R. (1994). Entwicklung koordinativer Fähigkeiten. In J. Baur, K. Bös & R. Singer (Hrsg.), *Motorische Entwicklung. Ein Handbuch* (S. 191-216). Schorndorf: Hofmann.

Scheid, V. & Rieder, H. (2001). Wie entwickelt sich die menschliche Bewegung. In V. Scheid & R. Prohl (Hrsg.), *Bewegungslehre. Kursbuch Sport* (S. 81-121). Wiebelsheim: Limpert.

Schippert, D. (1993). Weit- und Hochsprung – Abwechslungsreich (Sekundarstufe I). Anmerkungen und Darstellung der Praxisbeispiele. *Lehrhilfen für den Sportunterricht, 42* (9), 139-141.

Schmidtbleicher, D. (1994). Entwicklung der Kraft und Schnelligkeit. In J. Baur, K. Bös & R. Singer (Hrsg.), *Motorische Entwicklung. Ein Handbuch* (S. 129-150). Schorndorf: Hofmann.

Schmidbleicher, D. (2009). Entwicklung der Kraft und der Schnelligkeit. In J. Bau, K. Bös, A. Conzelmann & R. Singer (Hrsg.), *Handbuch Motorische Entwicklung* (S. 149-166). Schorndorf: Hofmann.

Schrader, A. (2007). Wie Sprünge „stark“ machen! *Leichtathletiktraining, 18* (9-10), 34-43.

Schrader, A. (2010). Das methodische Übungsnetz für den Weitsprung. *Leichtathletiktraining, 21* (2-3), 14-21.

Schröter, R. (2013). Weitsprung einmal anders – durch zielgerichtetes Erproben einen passenden Weitsprungstil entwickeln. *Lehrhilfen für den Sportunterricht, 62* (9), 1-3.

Schwender, U. (2012). Der Weg zum Flop. *Lehrhilfen für den Sportunterricht, 61* (2), 13-14.

Wastl, P. & Wollny, R. (2012). *Leichtathletik in Schule und Verein. Ein Praxishandbuch für Lehrer und Trainer*. Schorndorf: Hofmann.

Wiemeyer, J. & Wollny, R. (2017). Technik und Techniktraining. In K. Hottenrott & I. Seidl (Hrsg.), *Handbuch Trainingswissenschaft – Trainingslehre* (S. 263-290). Schorndorf: Hofmann.

Willimczik, K., Voelcker-Rehage, C. & Wiertz, O. (2006). Sportmotorische Entwicklung über die Lebensspanne. Empirische Befunde zu einem theoretischen Konzept. *Zeitschrift für Sportpsychologie, 13* (1), 10-22.

Willimczik, K., Meierarend, E.-M., Pollmann, D. & Reckeweg, R. (1999). Das „beste motorische Lernalter" – Forschungsergebnisse zu einem pädagogischen Postulat und zu kontroversen empirischen Befunden. *Sportwissenschaft, 1,* 42-61.

Winter, R. & Hartmann, Ch. (2018). Die motorische Entwicklung (Ontogenese) des Menschen von der Geburt bis ins hohe Alter. In K. Meinel & G. Schnabel (Hrsg.), *Bewegungslehre – Sportmotorik* (12. ergänzte Aufl.) (S. 243-373). Berlin: Volk und Wissen.

Wollny, R. (2022). *Bewegungswissenschaft – Ein Lehrbuch in 12 Lektionen* (5. korrigierte Aufl.). Aachen: Meyer & Meyer.

Wollny, R. & Helbig, B. (2016). *Merseburger Kindersport . Bewegungs- und Gesundheitsschule für Kinder.* Merseburg: Stadt Merseburg.

Weineck, J. (2019). *Optimales Training. Leistungsphysiologische Trainingslehre unter besonderer Berücksichtigung des Kinder- und Jugendtrainings* (17. Aufl.). Balingen: Spitta.

Zeitschrift Sportpädagogik (2009). *Heft 3 u. 4 Laufen, Springen, Werfen.* B. Neumair (Red.). Seelze: Friedrich.

Zeuner, A., Hofmann, S. & Lehmann, F. (2010). *Sportiv – Leichtathletik.* (8. Auflage). Leipzig: Klett.

Zinke, F., Prieske, O., Gäbler, M. & Granacher, U. (2018). Krafttraining im Nachwuchsbereich. *Leistungssport, 5,* 10-13.